KB040882

나쁜 조언

나쁜 조언

그럴듯한 헛소리 차단하고
인생 꿀팁 건지는 법

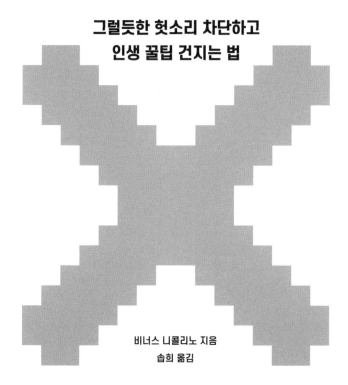

비너스 니콜리노 지음

솝희 옮김

샘터

책을 쓰는 동안 가장 많이 생각했던 사람,
바로 **당신**에게 이 책을 바친다.

일러두기
본문의 각주는 모두 옮긴이 주이다.

왜 이 책을 읽고 있는가?

더 읽기 전에 확실히 짚고 넘어가야 할 문제가 있다.

이 책의 전제조건은 말이 안 된다.

이 책은 자기계발서다. 자기계발이란 자기 스스로 하는 법인데 돕겠다고 나서다니, 나 좀 뻔뻔하지 않은가? 당신에 대해 하나도 모르고 심지어 만난 적도 없으면서, 당신이 이전보다 자신을 더 잘 이해하고 어떤 엉망진창의 상황에서도 성공적으로 대처할 수 있도록 도와주려는 것이다.

이것이 우리의 말도 안 되는 전제조건이다. 그리고 솔직히 말하면… 정말 바보 같은 소리처럼 들린다. 하지만 말도 안 되는 전제는 이 책만의 문제가 아니다. 이는 모든 자기계발서가 근거로 삼고 있는 전제이기도 하다. 하지만 이 책은 다른 자기계발서와 다르다. 그렇다면 이 책의 어떤 점이 바보 같은 다른 자기계발서와 다를까? 그것은 바로 저자인 내가 독자인 당신을 바보라고 생각하지 않는다는 점이다.

먼저, 당신은 '나쁜 조언'이라는 제목을 단 이 책을 읽고 있다. 그것은 당신이 세련된 유머 감각이 있으며, 흔한 감언이설이나 감상적인 헛소리를 늘어놓는 자기계발서에 관심이 없다는 사실을 말해 준다. (나도 그런 헛소리는 싫다. 벌써 통하는 구석을 발견했다! 우리 당장 SNS 맞팔해야 될 것 같지 않은가?)

그리고 당신이 자기계발서를 읽고 있다는 사실로 알 수 있는 것이 또 하나 있다. 인생이 항상 술술 풀리는 두루마리 휴지가 아니라는 점을 알고 있다는 것이다. 인생이라는 막돼먹은 놈은 우리를 온갖 방식으로 괴롭힌다. 고통은 아주 다양한 모습으로 찾아온다. 비통, 고독, 상실, 실망, 좌절…. 마치 슬픈 노래의 가사 속에 등장하는 단어들 같다. 그리고 인생은 우리를 두려워하게 만든다. 모르는 것투성이거나, 통제할 수 없거나, 혹은 둘 다이거나.

하지만 고통도 받을 만큼 받아 본 사람이라면, 멋지고 그럴싸하게 들리는 자기계발서의 충고 따위는 아무런 도움이 되지 못한다는 사실을 금방 깨달을 것이다. 그것은 '나쁜 조언'이기 때문이다. 나쁜 조언은 당신의 고통을 덜어 주지 못하며, 어떤 영감도 불러일으키지 못한다. 왜냐고? 그것은 헛소리이며 #나쁜조언이니까. #나쁜조언은 결코 당신의 기분을 나아지게 하지 못하며 아무 도움도 되지 않는다. 모든 #나쁜조언은 '감정은 선택할 수 있다'는 전제를 깔고 있다. 그러니까 기분이 좋지 않은 것은 당신이 선택한 결과이며, 결국 당신 탓이라는 말이다.

그렇다면 #나쁜조언은 어떻게 구별할까? 내가 자기계발 분야에서 선별한 몇 가지 사례를 간략하게 살펴보자.

우선, '나를 먼저 사랑해야 남도 사랑할 수 있다'는 말을 많이 들어보았을 것이다. 정말일까? 아니다. 다른 사람을 먼저 사랑할 수 있다. 자기혐오가 누군가와 사랑에 빠지는 걸 막을 수는 없다. '아무도 허락 없이 당신을 기분 나쁘게 할 수 없다'는 말은 어떤가? 당신이 언제 기분을 상하게 해도 된다고 허락한 적이 있었나? (힌트: 절대 없음.) '기대하면 실망하게 된다'. 아, 제발! #나쁜조언도 뭔가 나아지길 바라는 기대가 있어야 받아들이게 된단 말이다.

영감을 주는 현명한 교훈과 그럴싸한 헛소리를 헷갈리면 #나쁜조언이 탄생한다. 하지만 어떻게든 문제를 해결해 보려고 #나쁜조언을 구하는 사람들을 비난할 순 없다. 고통을 완화하고 싶은 건 인간의 자연스러운 본능이니까. 문제는 #나쁜조언이 고통을 덜어 주지 못한다는 데 있다. 그저 고통의 존재를 부인할 뿐이다.

그래도 감정적으로 혼란스러울 때는 뭔가 하긴 해야 할 것이다. 당신이 이 책을 집어 든 이유가 바로 그것이다. 그러니 이제 마음의 준비를 하라. 이 문장을 읽고 있는 바로 지금 이 순간, 당신에게 뭔가 대단한 일이 벌어지기 시작했다. (그리고 내가 도울 수 있어 신이 난다.) 그 사실을 내가 알 수 있는 건, 당신이 '나쁜 조언'이라는 제목이 달린 이 책에서 조언을 구하고 있기 때문이다. 이는 당신 마음 깊은 곳에서 듣기 좋은 헛소리를 거부하고 있음을 뜻한다.

사실 #나쁜조언에도 좋은 점은 있다. 덕분에 당신이 더 나은 조언을 찾게 되었으니까. 우리가 지금, 여기, 이 순간 함께 있는 것도 다 그 덕이다. 여기서부터 우리는 계속 함께할 것이다. 내가 당신을 도울 거란 사실을 잊지 말기 바란다.

당신은 이제 #좋은조언을 잔뜩 얻을 것이다. 이 책을 다 읽고 나면 '최대한 값진 인생을 살' 준비가 될 것이다. 자신에게서 최선을 끌어낼 능력을 얻게 될 것이다. 아니, 그보다 먼저 이 책의 최선부터 끌어내자. 아직 들어가는 말도 다 안 끝났지만, 몇 가지 질문의 형태로 #좋은조언을 해주겠다.

당신이 필요로 하는 모든 것을 이미 가지고 있다면? 문제를 해결할 길이 전혀 보이지 않는다고 느껴지는 이유가 당신이 출구를 등지고 있기 때문이라면? 우리가 사는 사회가, 선생님이, 친구가, 가족이, 심지어 심리 치료사가 당신에 대해 말해 준 것들이 진실이 아니라면? 당신이 속한 사회가 인간의 감정과 그것을 다루는 방식을 제대로 이해하지 못하고 있다면? 그동안 행복과 성공의 의미에 대해 잘못 배웠다면?

#좋은조언은 고통 없는 삶을 위한 처방전이 아니다. #나쁜조언만이 그런 헛된 약속을 한다. 그러나 #좋은조언은 당신이 이미

가지고 있는 힘, 재능, 가능성을 발휘할 수 있게 도와준다. #좋은 조언은 인생의 중요한 질문에 확실한 답을 내려주지 않는다. 확실한 답을 대신 내려준다면 그것은 #좋은조언이 아니다. #좋은조언에 따라 행동한다면 자기 스스로 그 중요한 질문에 답할 수 있게 될 것이다. 이건 아주 중요한 문제다. 이 세상에서 그럴 수 있는 자격은 당신한테만 있기 때문이다.

거짓말하지 않겠다. 살면서 상처 입거나 그로 인해 마음에 흉터가 생기는 일을 피할 수는 없을 것이다. 하지만 때로 끝내주게 멋진 것이 인생이다. 삶은 당신에게 즐거움과 웃음, 셀 수 없이 많은 기쁨을 선사할 것이다. 당신이 좋아하는 노래. 그랜드 캐니언. 오르가슴. 이른 아침 깨어 있는 것. 사랑하는 사람과의 포옹. 넷플릭스. 그 모든 것을 당신은 그저 이 세상에 존재하면서 인생의 맨 앞자리에 앉아 자연스럽게 받아들이기만 하면 된다.

당신이 느끼는 감정들은 당신의 적이 아니다. 쓸데없는 것도 아니다. 장애물도 아니며, 당연히 의미 없는 쓰레기도 아니다. 감정은 세상과 소통하며 살아남기 위해 우리가 진화시킨 내면의 메신저이다. 피해야 할 이유는 없다. 당신이 할 일은 좋은 감정과 나쁜 감정을 비롯해 다양한 감정의 스펙트럼을 받아들이는 최선의 방법을 배우는 것이다.

나는 당신이 누구인지 몰라도, 왜 이 책을 읽는지는 안다. 당신은 준비가 됐다. 당신은 참여하길 원한다. 정말 오랫동안 헤맨 끝에 #좋은조언을 찾았기 때문에 이 책을 읽고 있는 것이다.

I

그냥
당신 자신을 보여라

"어떻게 하면 면접을 잘 볼 수 있을까?"
"그냥 너 자신을 보여 줘!"

"소개팅이야. 아, 떨려. 상대가 날 맘에 안 들어 하면 어쩌지?"
"그냥 너 자신을 보여 줘!"

"발표 망치고 완전 바보 되면 어떻게 하지?"
"그냥 너 자신을 보여 줘!"

당신은 주로 매우 안 좋은 상황에서 '그냥 당신 자신을 보여라'라는 #나쁜조언을 듣게 된다. '그냥 당신 자신을 보여라'는 자기 회의나 거절의 두려움에 사로잡혀 있을 때 듣게 되는 #나쁜조 언이다. 물론 상대방은 자신감을 심어 주며 당신이 얼마나 대단 하고 끝내주는 사람인지 상기시켜 주려는 좋은 의도로 하는 말이 다! (그때 영화 〈로키〉 주제가가 깔리면 정말 잘 어울릴 듯.)

하지만 주변 사람이나 텔레비전에 나오는 유명한 심리 전문 가가 "그냥 당신 자신을 보여 주면 됩니다"라고 말할 때도, 당신은 이미 자기 자신을 보여 주고 있다. 그때의 '나 자신'은 엄습하는 두려움에 돌아버리기 직전의 상태이긴 하지만. 멘탈붕괴 상태에 빠져 정신 나간 사람 같은 모습 말이다.

내가 멘탈붕괴라고 표현하는 실존적 공황은 당신의 정신이 전반적으로 무너졌을 때 시작된다. 자기 회의와 혼란 때문에 과 부하가 걸려 자신감의 회로가 끊어졌는데, 이 #나쁜조언은 '그냥' 스위치만 올리면 자신감이 회복될 것처럼 말한다. '그냥 당신 자 신을 보여라'라는 조언은 꽤 단호한 표현이라 무척 그럴듯하게 들린다. 하지만 '그냥 당신 자신을 보여라'는 사실상 겁쟁이의 잘 난 척하는 말일 뿐이다.

우선, 이 #나쁜조언은 '그냥'을 수식어로 사용한다. "그냥 하 는 말이야." "그냥 네가 나한테 돈 빌린 거 있다고." "그냥 네 모습 있는 그대로 보여 줘." 이런 말들은 교묘하게 즉흥적인 인상을 심 어 준다. "아, 방금 '그냥' 생각나서 말하는 건데, 한 6개월쯤 전에 나한테 50달러 빌려 가지 않았어?" 이런 식으로, 그냥 '나 자신'을 보여 주면 된다는 거다. 마치 정신적으로 있는 그대로 의식하지 않고 행동하는 것이 외출할 때 휴대전화 충전기를 챙기는 것처럼 대수롭지 않은 일인 양 말한다.

'그냥 당신 자신을 보여라'라는 #나쁜조언은 말도 안 되는 헛소리다. '아니, 여태까지 보여 준 게 내 모습이 아니면, 나는 누구, 여긴 어디? 너는 또 누구고? 지금 장난하자는 건가? 이게 대체 #나쁜조언이야, 정신 나가서 하는 #헛소리야?'

'그냥 당신 자신을 보여라'가 #나쁜조언인 이유는 당신이 이미 그렇게 하고 있기 때문이다. 태어나서 죽을 때까지, 당신은 더도 덜도 아닌 당신 자신이다. 그냥 당신 자신을 보여 주려고 노력하라는 것은 자신의 심장박동 하나하나를 의식적으로 살피라는 말이나 다름없다. 그건 불가능하다.

타인이 당신에 대해 내린 정의를
그대로 받아들일 필요 없다

'그냥 당신 자신을 보여라'는 어쩌면 #좋은조언일 수도 있다. 사회가 조건 없이 당신을 받아들이는 경우라면 말이다. 하지만 현실은 그렇지 않다. 우리가 사는 사회는 사람을 한 가지로만 정의하는 고약한 습성이 있어서, 당신도 한 가지 특성으로만 자신을 바라보도록 길들여져 왔다. 그런 시각은 대개 심한 편견, 성차별, 인종차별, 파괴적이고 편협한 말에 오염된 것이다.

그것이 '나이는 숫자에 불과하다'는 선언과 마돈나의 주름진 손을 조롱하는 메시지가 함께 나오는 이유이고, '당신의 몸을 사랑하라'라는 캠페인이 활발히 벌어지는 가운데 800만 명의 사람들이 섭식장애로 고통받고 있는 이유이며, 청소년 성소수자를 지지하는 캠페인 '잇 겟츠 베터'가 진행되는 순간에도 나이 어린 성소수자들이 엄청난 자살 위험에 놓여 있는 이유이다.

성별, 인종, 나이, 성적 지향성, 체중, 직업, 사회경제적 지위를 포함해 어떤 것이든 당신에 대한 '정보'가 될 수 있지만, 단 하나로 당신을 완벽하게 정의할 수는 없다. '당신'만이 당신을 정의할 수 있다. 하지만 그전에 '(나이 든/뚱뚱한/동성애자인/헤픈/무일푼인) 그냥 당신 자신을 보여라'라는 그 #나쁜조언부터 던져 버려야 한다.

"다른 사람 생각 따위 신경 안 써"라는 주장은 "다른 사람이 내가 신경 안 쓴다고 생각했으면 좋겠어"라는 말이나 마찬가지다

앞서 언급한 세상의 파괴적이고 편협한 시각은 종종 반발심을 불러일으킨다. 사실 그러한 반발심에는 꽤 좋은 면이 있다. 그런 반발심 덕분에 우리는 페미니즘, 흑인 인권 운동, 대마초 합법화 등을 이끌어 냈다. 하지만 반발심에는 문제점도 있다. 반발심을 가지고 있으면 '그냥 당신 자신을 보여라'라는 #나쁜조언에 빠지기 너무 쉽기 때문이다.

이제 '그냥 당신 자신을 보여라'라는 #나쁜조언은 '다른 사람 생각 따위 신경 안 써' 같은 #나쁜좌우명으로 변모한다. 이런 식으로 생각해 본 적 없나? 난 있다. 당신도 이런 식으로 생각하고 있을지 모른다. '나는 내 모습 그대로를 보여 줄 거야. 그리고 내가 원하는 대로 살겠어. 다른 사람 생각 따위는 신경 안 써.' 왜 그렇게 생각 안 하겠는가? 세상의 공식이 아래와 같은데도 열 안 받게 생겼는가?

(당신 ÷ 그냥 당신 모습 그대로) + 다른 사람이 말하는 당신

=

그러니까 그냥 당신 자신을 보이라는 말의 숨은 뜻은 '생긴 대로 살아, 이 쓸모없는 자식아'이다. 이런 말을 듣고도 '뭐? 그래? 다 죽었어. 내 멋대로 살아 주지!'라고 대꾸하지 않고 배길 수 있을까. 누군가 당신이 아닌 것으로 당신을 정의하려 든다면, '그냥 당신 자신'이 아니라 '당신의 분노'를 보여 주게 될 것이다.

정말 내가 짜증나는 부분은, 대부분의 자기계발 문화가 '다른 사람 생각 따위 신경 안 써'라고 생각하는 걸 개인주의의 표현이라고 믿고 장려한다는 점이다. 다른 사람이 무슨 생각을 하는지 당신이 '정말' 신경 쓰지 않는다면, 당신이 신경 쓰지 않는다는 걸 다른 사람들이 알아주지 않아도 상관없지 않은가.

'혼자 하는' 자기계발 따위는 없다
누군가는 글을 쓰고, 누군가는 강의하며, 또 누군가는 연설한다
누구도 인생을 혼자 살 순 없다

'그냥 당신 자신을 보여라'를 #나쁜조언이라고 부르는 또 다른 이유는 당신이 절대 혼자가 아니기 때문이다. 당신은 진공 상태의 세상에서 사는 것이 아니다. 당신의 정체성은 타인과 관계를 맺는 방식을 포함해 수많은 조합으로 결정된다.

그렇다고 머리 스타일, 패션, 피부색, 지위, 성생활, 차, 직업, 성별 따위를 다른 사람들이 어떻게 생각하는지가 중요하다는 말을 하려는 게 아니다. 중요한 것은 당신이 좋은 친구인지, 신뢰할 수 있는지, 친절한지, 의지해도 되는지이다.

당신의 말과 행동이 미치는 긍정적 혹은 부정적 영향력은 가까운 지인의 범위를 훨씬 넘어선다. 당신의 말과 행동이 다른 사람의 생각에 영향을 준다면, 다른 사람들의 생각은 당신에게 '분명' 중요하다. 그것은 힘이다.

자기 인식self-awareness은 당신이 그 힘에 얼마만큼 책임감을 느끼는지 보여 주는 척도다. 당신은 자기 인식을 하고 있는가? 자기 인식을 하고 싶은가? 이 질문들에 대답할 수 있는 능력은 쳇바퀴 돌듯 그냥 당신 자신을 보여 주는 대신 '자신을 제대로 알 수 있게' 해준다. 현실 세계에서 자기 인식은 중요한 역할을 한다.

로버트 S. 루빈Robert S. Rubin 박사는 조직행동학 분야에서 상을 받은 학자이자 교수이다. 나는 운 좋게 자기 인식에 대해 그와 논의할 기회가 있었는데, 그는 연구를 통해 남들보다 자기 인식이 부족한 사람은 "직장에서 상대적으로 성공하지 못한 편이었으며, 본인이 하는 일의 의미를 잘 모르는 데다 모르고 있다는 사실 자체에 대한 통찰도 부족하다"는 점을 발견했다.

당신 얘기 같은가? 애초에 당신이 자기 인식이 부족한 사람이라면 자기 얘기인지는 어떻게 알겠는가? 설사 그렇다 해도 그런 상태를 바꿀 수 없는 것은 아니다. 그냥 당신 자신을 보이려고만 하지 말고 자신의 현재 모습을 이해하기 시작한다면, 자기 지식self-knowledge과 자기 인식이 뒤따를 것이다. (캬, 심오한 말이다.)

자기 인식과 자기 지식, 둘 다 결단과 책임을 나타낸다

이쯤 되면 자기 인식이니, 자기 지식이니 하는 단어를 이해하려고 끙끙거리다 자칫 심리학의 블랙홀로 빨려 들어가기 십상이다. (나도 참, 첫 장부터 잘하는 짓이다!) 개념들을 살피다 보면 '나는 누구인가'와 같이 젠체하는 철학적 질문과 맞닿는 부분이 있는 것이 사실이다. 무수한 철학자들이 이 질문에 대한 답을 찾기 위해 철학의 역사만큼이나 오랜 시간 노력해 왔다. 하지만 우리는 이런 뜬구름 잡는 소리에 매달릴 여유가 없으니 간단하게 말하겠다.

자기 지식은 자신의 모습을 파악하는 것이다. 자기 인식은 '왜' 그런 모습인지 이유를 이해하는 것이다. 이해하기 위해 스스로 플라톤이나 데카르트가 될 필요는 없다. 당신이 자신의 모습을 모를 수 있다는 가능성과 당신이 늘 변화하고 있다는 사실을 인지하는 것만으로도 도움이 된다.

그리고 어쨌든 '누구나' 어느 시점에서는 이 골칫거리를 이해하기 위한 도움이 필요하다. 그래서 내가 '그냥 당신 자신을 보여라'라는 #나쁜조언을 진짜 유용한 #좋은조언으로 바꿔 주려는 거다.

자신에게 FUCK을 날려라
#좋은조언

'FUCK'은 변화무쌍한 단어로 요모조모 쓰이는 데가 많다. 우리는 이 단어를 14세기부터 매우 강렬한 감정을 표현하기 위해 셀 수 없이 많은 방식으로 사용해 왔다. 이 단순한 단어의 의미와 쓰임새를 생각해 보라. 단어 사용의 긴 역사와 복잡한 문화적 배경 속에서도 하나의 공통점이 있다면, 가슴 깊은 곳부터 우러나는 감정을 표현하는 데 사용된다는 점이다.

'fuck'이 '왕의 허락하에 이루어지는 간음Fornication Under Consent of the King' 또는 '불법적인 성 지식For Unlawful Carnal Knowledge'의 앞

글자를 딴 단어라는 항간의 말이 사실이 아니라고는 하나, 그런 사고방식 자체를 통해 문화와 단어의 관계를 알 수 있다. 마블이나 DC 코믹스의 슈퍼 히어로라도 되는 듯 그 기원까지 지어낼 생각을 한 걸 보면, 'fuck'은 우리에게 정말 중요한 단어임이 틀림없다. 인간은 세상에 의미를 부여하는 동물이다. 비록 그 기원에 대해 떠도는 말이 사실이 아니라 하더라도 우리는 'fuck'에 깊은 의미가 담겨 있길 바란다.

그리고 지금 나는 그 단어에 더 깊은 의미를 부여하려고 한다. 앞에서 언급한 '자신에게 FUCK을 날려라Go Fuck Yourself'라는 말은 사실, '자기 안에서 이해와 자신감, 지식을 발견하라Go Find Understanding, Confidence, and Knowledge in Yourself'라는 의미가 담긴 #좋은조언이다. 당신의 목표는 진정한 자아에 연결되고 '나'에 대한 지극히 사적인 지식을 얻는 것이므로, 가능하면 자신에 대한 정보를 많이 모아야 한다.

그렇다면 자기 안에서 이해와 자신감, 지식을 발견하기 위해 어떻게 해야 할까? 어떻게 구체적으로 자신에게 FUCK을 날릴 수 있을까?

잠자리를 함께하고 싶을 만큼 푹 빠진 사람을 대하듯 자기 자신을 대해야 한다. 누군가에게 반했을 때 어떤 기분이 되고 어떻게 행동하는지 생각해 보라. 우선 그 사람의 모든 SNS 활동을 관찰할 것이다. 온라인에 올라온 그 사람의 모든 사진을 확인할 것이다. 그 사람의 친구들과 맞팔을 하고, 정보를 수집할 것이다.

당신은 상대방에게 진정한 호기심이 생긴다. 무슨 생각을 하는지, 뭘 하고 있는지, 하루하루 매 순간을 어떻게 보내는지 알고 싶어진다. 그 사람에 대해 알고 싶은 건 당연한 일이다. 그 사람과 자고 싶으니까.

당신은 상대방을 안심시키기 위해 최선을 다할 것이다. 당신이 믿을 만하다는 걸 증명하고, 상대방의 자신감을 북돋울 것이다. 또 상대방을 기분 좋게 해주려고 온갖 노력을 기울일 것이다. 당신과 함께 있는 것이 좋다고 느끼면 당신과 잠자리를 함께할 확률이 높아질 테니까.

그러니까 당신이 자기 안에서 이해와 자신감, 지식을 발견하고 싶다면, 자고 싶은 상대방에게 집착하는 것만큼이나 나 자신에게 집착해야 한다. 자고 싶은 사람에게 하는 모든 행동 '딱 그대로'를 당신 자신에게 해야 한다. 이해, 자신감, 지식을 발견하라. 이는 나중에 불확실한 상황과 불안감 때문에 자신에 대한 회의가 밀려오기 시작할 때 당신을 무장시켜 준비된 상태로 만들어 준다.

그러니 다시 한번 진심으로 호소하겠다. 당신이 자고 싶은 사람을 대하듯 그렇게 하라. 어두워질 때까지 기다렸다가 그 사람 쓰레기통을 뒤져 정보를 수집하라. 방금은 농담이다. 누구한테도 절대 그런 짓은 하지 마라. '자기 안에서 이해와 자신감, 지식을 발견하는' 여정은 F로 시작하는 단어, '발견하기Finding'로 시작된다.

당신은 자신이 찾기로 한 것을 발견한다
(거의 대부분)

당신의 목표는 자아 인식과 자기 지식을 형성하고 유지하는 것이다. 그러므로 가능한 한 많은 정보를 '발견Find'하고 싶을 것이다. 자료를 모으고 받아들이는 데는 객관적인 태도가 필요하다. 자아 인식은 계속해서 질문하고 답하는 과정이다. 이는 당신이 자신의 긍정적인 측면 못지않게 부정적인 측면도 이해하고 받아들일 수 있어야 한다는 걸 의미한다.

아, 나도 사람들이 자신의 부정적인 측면이나 발견하자고 자기계발서를 읽지 않는다는 것 정도는 안다. 사람들은 보통 자신에 대해 긍정적인 기분을 느끼고 싶어서 이런 책을 읽는다. 하지만 기분이 나쁜 이유도 모르면서 기분이 좋아지는 법을 알 수 있을까? 자신의 객관적인 모습을 '발견'한다면 당신은 필요한 정보를 얻을 수 있을 것이다. 객관성은 타인이 당신을 어떻게 생각하는지 궁금해하고 그것을 이해하는 능력에서 출발한다.

로버트 루빈Robert Rubin 박사는 비즈니스 세계에서 흔하게 쓰이는 '외부 벤치마킹External benchmarking'이라는 용어를 개인적인 방식으로 사용한다. 비즈니스 세계에서 외부 벤치마킹이라는 용어는 해당 분야의 다른 사업체나 모범 사업체와 비교해 당신 사업에 대한 정보를 제공하는 것을 말한다. 루빈 박사가 사용한 외부 벤치마킹은 다른 사람한테서 얻은 당신에 대한 정보가 된다.

이런 정보를 받아들이는 것은 자신을 부정적으로 바라보는 것과는 다르다. 당신을 아는 사람들은 당신이 그들에게 한 말이나 행동을 직접 경험한 적이 있다. 다른 말로 하면 '당신이 관심을 가져야 하는 것들' 말이다. 다른 사람이 당신을 어떻게 느끼는지를 알 수 있는 유일한 방법은 그들에게 물어보는 것이다. 그러려면 당신이 듣고 싶지 않은 불편한 소리도 받아들일 준비를 해야 한다.

변화하기 위해 자신을 믿어라

#나쁜조언과 형편없는 자기계발서는 당신에게 부정적인 피드백을 무시하라고 할 것이다. '찜찜한 기분을 피할 다른 방법이 없을까?' 나는 당신이 자신의 결함에 사로잡혀 벗어나지 못하기를 바라는 게 아니다. 그렇다고 그 결함들을 부인한다면 잠재적으로 자신에 대한 중요 정보를 얻을 기회를 날려 버리는 꼴이 될 것이다. 이 정보의 가치는 당신이 그것을 얼마나 잘 이해하는지에 달렸다. 이것이 F-U-C-K에서 'U'가 의미하는 '이해Understanding'에 해당한다.

당신이 수집한 정보를 통해 자신을 이해하는 법은 '합치'와 '맥락'을 이용해 '거르는' 과정이라고 할 수 있다. 사람들이 당신에 대해 말하는 모든 것을 서로 비교해 보라. 성격과 행동에 대해 일관되게 말하는 부분에 주의를 기울일 필요가 있다. 그것이야말로 당신의 가장 변치 않는 부분이기 때문이다.

만약 모든 사람이 당신이 늘 다른 사람이 말하는 중간에 끊는 버릇이 있다고 지적한다면, 그 지적은 진지하게 받아들여야 한다. 하지만 단 한 사람만 그렇게 말한다면, 그건 그 사람이 늘 재미없는 소리를 했을 가능성이 있다. (그래도 헛소리나마 다 지껄이도록 예의를 갖추자.) 맥락을 살피는 것 또한 중요하다. 직장이나 학교에서 만나는 사람은 그 속에서의 당신 모습만 본다. 그러므로 다양한 상황에서 당신과 만나는 사람들이 가장 훌륭한 정보를 줄 수 있을 것이다. 그들은 당신의 여러 모습을 보아 왔기 때문이다.

다시 한번 말하지만, 그 과정에서 별로 마음에 안 드는 본인의 모습을 발견할 수도 있다. 그래도 괜찮다. 당신 자존심이나 세워 주자고 하는 일이 아니니까. 사실 괜찮은 정도가 아니라 '대단한' 거다. 자신의 행동과 행동의 원인, 그리고 타인들이 보는 당신 모습을 깨닫는다면, 당신은 자기 자신을 '이해'하게 된다. 그리고 그 이해를 통해 '그냥 당신 그대로'가 아닌 '변화'의 기회를 잡고 선택할 수 있다. 기회를 최대한 살려라. 자신을 이해하고 자신감을 발견하는 데 전념하라.

그래, 맞게 봤다. 방금 부담스럽게 전념이라는 말이 등장했다. 설마 내가 FUCK이라는 단어를 언급했을 때 하룻밤 잠자리로 끝난다고 생각하지는 않았겠지? 물론 아니다. '자기야, 우리는 하룻밤 잠자리 상대로 끝날 사이가 아니야. 내 곁에 계속 머물러 줘!' 무언가에 전념하는 일은 한 번으로 끝나는 문제가 아니다. 공부에 전념하기로 했으면 책상 앞에 꾸준히 앉아 있어야 하듯, 자기 자신에게 전념하기 위해서는 그 이상의 노력이 필요하다.

당신이 자신에게 전념하게 되면 스스로를 신뢰하게 된다. 자신과의 약속을 잘 지킬수록 부인할 수 없는 자신감, 신뢰, 정직한 모습이 쌓여 간다. 이 작업이 단순히 거울을 보며 "나는 믿음직한 사람이다, 나는 정직한 사람이다…" 이렇게 중얼거리기만 하는 자기최면과 차원이 다른 이유다.

당신 자신에 대해 짜증나는 점을 찾아내고 그것을 제대로 이해한 다음 마음에 안 드는 부분을 변화시킴으로써, '자기 안에서 이해와 자신감, 지식을 발견하라'는 #좋은조언의 세 번째 요소인 '자신감Confidence'이 형성된다. 아, 그래 자신감. 그냥 당신 자신을 보이기만 하면 저절로 생길 것처럼 말하는 그거.

전념은 자신감이 닻을 내리게 해준다

그러면 어떤 것에 전념하고 싶은가? 지금 당장 말이다. 당신이 이 책을 통해 이루고 싶은 것은 무엇인가? 책을 다 읽고 나서 어떤 존재가 되길 바라는가? 더 참을성 있는 사람이 되길 바라는가? 더 친절한 사람? 좀 더 용기 있는 사람? 결정하고 전념하라. 그리고 계획을 세워라. 나는 당신이 할 수 있다고 믿는다. 꼬시고 싶은 사람이 생기면 웨딩 플래너 저리 가라고 할 정도로 훨씬 치밀해지는 법이니까. 좋은 첫인상을 심어 주고 싶어서 피부과 예약을 잡고 먼저 한 약속들을 이리저리 옮기면서 완벽한 밤을 위해 하루를 비워 두겠지.

그러니 지금 당장 그 치밀함을 발휘해 보는 게 어떤가? 종이를 한 장 준비해 어떻게 자신과의 약속을 지킬 것인지 구체적으로 써보라. 그냥 당신 자신을 보일 때보다 훨씬 더 집중되고 목적의식이 생기며 결연한 의지를 느끼게 될 것이다. 어떤 사람들은 이걸 '선언문 적기'라고 부르고, 기업에서는 '사업 강령'이라고 부른다. 나는 '거짓말이 아니라는 보증서'라 하고 싶다. 거짓말하는 것이 아니라는 보증을 하면 자신을 더 신뢰할 수 있다. 그리고 자신에 대해 더 많이 알게 된다.

그러니 바라는 바를 이룰 수 있는 구체적 방법을 연구하라. 뭐가 필요하지? 그것을 위해 무엇을 해야 할까? 이루는 데 얼마나 걸릴까? 먼저 이룬 사람들이 있나? 그러면 그 사람들에게 무엇을 배울 수 있을까? 당신은 사람들이 먼저 경험한 것을 포함해 필요한 모든 정보가 인터넷에 올라와 있는 정보의 시대에 살고 있다. 당신에게 필요한 건 와이파이 비밀번호뿐이다(아니면 비밀번호를 걸어 놓지 않은 옆집 와이파이나).

일단 정보를 얻었으면 시간을 정하고 헌신하라. 달력에 적어 놓고 휴대전화 알림 설정을 해두어라. 그리고 전념하기 시작한 순간부터 그것에 대해 적어라. 만약 용기를 내는 데 전념하기로 했다면 자기 전에 그날 당신이 좀 더 용기 내기 위해 어떻게 했는지 적어라. 관련된 '모든 것'을 적어라.

생각을 적어라,
그러면 다르게 보일 것이다

많이 적을수록, 당신에 대해 더 많은 정보가 드러난다. 이 정보를 모으는 것이 'F-U-C-K'의 마지막 글자 K를 채우는 데 도움을 준다. 바로 '지식Knowledge'이다. 특히 자기에 대한 지식, '자기 지식'이다. 자신의 잠재력을 확실하게 아는 것은 불확실한 상황에서 용기를 준다.

자기에 대해 진정으로 잘 알면 정확하게 자신을 인지하게 된다. 무슨 뜻인가 하면, 자신감이 흔들리게 될 때 단단하게 잡아 줄 자기 지식을 갖게 된다는 말이다. 미루지 마라. 오늘 당장 시작하지 못할 이유가 없다. 당신이 푹 빠져 자고 싶은 사람에게 집착하고 호기심을 채우기 위해 노력하는 만큼 자기 자신에게도 그렇게 하라.

사실 당신은 이미 온라인 속 자신의 모습에 집착하고 있다. 하루에 얼마나 많은 시간 동안 페이스북 피드를 보고, 스냅챗과 인스타그램에 사진과 동영상을 올리며, 사람들이 '좋아요', '공유하기', '하트'(헐…)를 눌러 줄 때마다 기뻐하는가? 흠보는 거 아니다. 우리 모두 그러니까.

자신에 대해 매일 올리는 김에 좀 더 해보는 게 어떤가? '좋아요'와 팔로워에 집착하는 대신, 자기 안에서 이해와 자신감, 지식을 발견하는 것 말이다. 에너지를 자신에게 집중하면 어떨까? 당신을 위한 기록, 일기를 써라. 무슨 생각하는지 나도 안다! 트위터의 140글자 이상 읽지 않는 요즘 같은 시대에 '글쓰기'라니. 하지만 이것은 다른 사람이 아닌 자기 자신을 위한 글이다.

시간을 갖고 하루를 돌아보며 벌어진 모든 일과 그 느낌을 적고 자아 인식을 살찌우는 정보를 계속 업데이트하라. 연구에 따르면 그것이 실제로 건강에도 좋다고 한다. 15분에서 20분가량 일기를 쓰는 것이 스트레스와 관련된 뇌 활동을 줄여 주고 신체 회복을 더욱 촉진한다는 것이다. 손으로 글을 쓸 때 가장 효과가 크다고는 하지만, 나는 그냥 휴대전화에 있는 앱을 사용한다. 내 손가락이 얼마나 빠르게 움직이는지 당신이 봐야 하는데.

반드시 지켜야 하는 규칙 따위는 없다. 예쁘게 장식된 모히토 사진 따위는 첨부하지 않아도 된다. 본인만 알아볼 수 있으면 되니까 문법이나 철자 같은 것도 걱정하지 마라. (난 그런 걱정 안 한다. 내 담당 편집자에게 물어봐라!) 당신은 그것을 즐기면서 의미 있게 만들 수 있다. 그냥 당신 자신을 보이는 것보다 '자신에 대한 글쓰기'를 하는 5분 동안 스스로에 대해 훨씬 더 많이 알게 될 것이다.

자기 회의는 위대해지기 위한 전제조건이다

잠깐… 뭐지? 당신, 아직 안 가고 여기 있었네? 자기 자신을 이해하고, 신뢰하는 법을 배우고, 자신에 대한 글쓰기에 전념하고도 여전히 자신을 의심하는 건가? 좋다. 그게 바로 당신이 멍청하지 않다는 증거니까.

나는 자기 회의가 충분히 성가신 문제임을 깨달았다. #나쁜 조언의 싹이 되거나, 빠져나오기 힘든 감정의 늪이 될 수도 있다. 반면, 자신감을 가진 사람은 확실히 섹시해 보인다. 그렇다고 백 퍼센트 자신감으로 차 있는 사람과 섹스하고 싶은가? "미리 해줄 말이 있어. 당신이 여태까지 자본 사람 중에 내가 최고라고 백 퍼센트 장담해. 잠깐 저리 비켜 봐, 거울 속 내 모습을 좀 봐야겠어" 라고 한다면 그런 사람은 자신감이 있는 게 아니라 오만한 거다.

그리고 다른 감정들처럼 자기 회의도 쓸모가 있다. 자기 회의는 당신을 자극해 자신을 증명하게 하고, 어려운 일을 해내게 만든다. 내가 스스로 똑똑하다고 생각해서 두 개의 석사학위와 한 개의 박사학위를 딴 게 아니다. 오히려 스스로 멍청하다고 생각했기 때문에 딸 수 있었다. 자기 회의는 감정이 마시는 술과 같아서, 적당히 마시면 의기충천할 수 있지만 너무 마시면 바닥에 퍼져 일어나지 못하게 된다.

그러니까 '자기 안에서 이해와 자신감, 지식을 발견하라'라는 #좋은조언을 받아들일 때는 자기 회의를 자신감으로 갈아 치우는 게 아니라 둘 사이의 균형을 맞추는 것이 핵심이다. '자기 안에서 이해와 자신감, 지식을 발견하라'라는 #좋은조언은 자신감과 자기 회의가 주는 이점을 모두 가지고 있다.

자기 안에서 이해와 자신감을 발견하고
자유로워져라

'그냥 당신 자신을 보여라'가 나쁜 조언으로 진화한 것은 누구에게나 자기 회의와 불안을 누그러트려야 하는 절박한 순간이 찾아오기 때문이다. 그러므로 #나쁜조언을 거부하기만 하면 되는 문제가 아니라 대체할 조언이 필요하다. 그럼 준비됐는가? 내 생각엔 준비가 된 것 같다. 당신은 충분히 오래 기다렸다. 이제 다음 단계로 나아갈 때가 됐다. 모든 관계 전문가들이 하는 것처럼 나도 #꿀팁을 주겠다. 당신에겐 도움이 꼭 필요하니까. 자, 이거다.

셀카를 과소평가하지 마라

그냥 자기 안에서 이해와 자신감, 지식을 발견하는 것으로 끝내지 말고, 인증샷을 찍어라. 캘리포니아 대학교 얼바인 캠퍼스의 연구에 따르면, 정기적으로 셀카를 찍고 공유하는 대학생들은 정서적으로 자신감과 자아수용감*이 향상되었다고 한다. 그러니까 '그냥 당신 자신의 모습을 보라'는 것도 #좋은조언이 될 수 있다. 그런데 여기서 중요한 것은 셀카를 웃는 얼굴로 찍었다는 점이다.

물론 웃을 기분이 아닌데 웃으라는 소리를 듣고 좋아할 사람

* 자아수용self-acceptance은 자신의 능력이나 처해 있는 상황을 잘 인식하고 결점, 감정, 충동 등을 받아들이는 것이다. 정서적으로 성숙하고 안정된 사람일수록 자아수용감이 높다.

이 없다는 건 나도 안다. 여자들은 늘 그렇게 살고 있다. (길거리에서 어떤 또라이가 "예쁜 언니, 좀 웃지 그래!"라고 할 때처럼 말이다. '나도 참 바보지, 길거리 벤치에 앉아 있는 낯선 사람 기분 좋게 해주는 게 내 삶의 목표인 걸 깜빡했네!') 내가 셀카를 찍을 때 웃으라고 하는 것은 당신 기분과 자신감을 끌어올리기 위한 것으로, 과학적으로 매우 뚜렷하게 증명된 사실이다.

과학자들은 미소 짓는 행위가 심장 박동을 느리게 하고 스트레스 수치를 낮춰 준다는 사실을 발견했다. 미소 짓는 행위는 행복한 기억을 떠올리게 해주며 기분이 좋아지게 한다. 연필이나 젓가락을 물게 해 인위적으로 입꼬리를 올라가게 한 사람들에게도 비슷한 효과가 나타났다. 그러니 그냥 찍지 말고, 웃으면서 찍어라. (귀여운 척 입 내밀지 말고, 웃으라고….)

음악은 자신만의 방탄조끼가 될 수 있다

음악만큼 기분에 대단한 영향을 미치는 것은 없다. 그러니 자신을 위한 리스트를 만들어 보자. 경기장에 가득 찬 팬들이 손뼉 치고 발을 구르며 퀸의 〈위 윌 락 유We Will Rock You〉를 따라 부르고 열광하는 이유가 있다(노래 자체가 죽여준다는 것 말고도). 연구자들은 육중한 베이스 리듬이 깔리는 음악이 우리를 강하고 자신감 있게 느끼도록 만든다는 사실을 발견했다.

그들은 이 효과를 '전염 가설contagion hypothesis'을 통해 설명한다. 전염 가설에 따르면 우리가 듣는 음악에 담긴 감정이 우리가 느끼는 감정을 형성할 수 있다. 무척 기분 좋은 날인데도 슬픈 음악을 듣다가 눈물 흘린 적 있지 않나? 과학자들은 우리 문화에서 육중한 베이스 리듬은 힘과 자신감을 연상시키는 면이 있으므로, 육중한 베이스 리듬이 깔리는 음악은 그것이 강렬한 전자음악이든, 베토벤 교향곡이든 상관없이 우리에게 같은 감정을 불러일으킨다고 한다. 그러니 연설을 해야 하거나 중요한 회의에 들어가기 전 기운 낼 필요가 있다면 이어폰을 꽂고 서둘러 한 곡 들어라.

당신이 자신의 본모습을 잊고 있을 때도
친한 친구들은 기억한다

깊은 관계로 발전하고 싶은 사람을 친구들에게 소개하는 순간은 중요하다. 친구들을 존중하기 때문에 그들이 어떻게 생각하는지가 중요한 것이다. 당신이 존중하는 누군가가 당신을 칭찬한다면 그 칭찬을 진심이라고 믿게 된다. 따라서 친구들의 지지는 당신이 자신을 이해하고 전념하면서 자신감을 가지는 데도 중요한 역할을 한다. 누군가는 이를 위약 효과placebo effect라고 할지 모르지만, 위약이라는 의미의 라틴어 '플라시보'는 '효과가 지속되는 한 무슨 상관이람?'이라고 번역할 수 있을지도 모른다.

그렇다면, 당신이 함께 어울리는 사람들은 어떤 사람들인가? 그들과 함께 있을 때 어떤 기분이 드는가? 그들은 당신 자신을 어떻게 느끼도록 해주는가? 그들을 신뢰하는가? 만약 확신이 없다면 신뢰할 수 있는 사람이 몇 명인지 서둘러 세어 보라. 그들은 당신을 신뢰하며, 당신의 신뢰를 받을 만한 가치가 있는 사람임을 증명해 온 사람들이다.

다른 사람이 당신의 기분에 미치는 영향은 당신 책임이 아니지만, 도움의 종류는 당신이 정할 수 있다. 어떻게 느끼든 상관없이, 당신은 그냥 당신 자신일 것이다. 만약 당신 자신에 대한 느낌을 바꾸고 싶다면 곁에 둔 사람들을 살펴보라.

의식 : 투자 대비 높은 수익

많은 연구 결과는 '의식ritual' 행위가 자신감을 높여 준다고 말한다. 당신이 '의식'이라는 단어를 보고 그리스도교 성찬식 때 먹는 포도주나 보름달 밑에서 홀딱 벗고 주문을 외우는 모습만 떠올린다면, 내가 다시 짚어 주겠다.

우리 문화에는 성행위 전에 치르게 되는 온갖 종류의 이상하고 복잡한 의식이 있다. 이 성행위 전에 치르는 의식을 종합해 한 단어로 표현하면 '데이트'다. 바보처럼 말아먹지 않는다면, 이 데이트라는 의식은 사람들에게 신뢰와 자신감을 준다. 그렇게 해서 잘만 풀리면… 결과는 당신도 알 것이다.

자신감이 필요할 때 반복할 수 있는 간단한 행위만 있으면 자신만의 효과적인 의식을 만들 수 있다. 막 일기를 쓰기 시작했다면 그 습관을 유지하면서 그 안에서 5분만 투자해 자기가 얼마나 자신감 있는지 써라. '나는 자신감 있다'라는 단순한 표현도 괜찮다. 그리고 자신만의 행운의 부적을 하나 정해서 가지고 다녀라.

행운의 펜으로 입사 지원서를 작성하고, 행운의 양말을 신고 면접을 보러 가라.

이런 것들이 미신처럼 들릴 수도 있겠지만, 행운이 따를 것 같은 느낌이 실제로 행운을 불러온다는, 디지털 시대의 과학적 근거가 있다. 골프 선수들이 '행운의 공'을 사용할 때 더 좋은 성적을 낸다는 실제 연구 결과도 있었다. 독일의 연구자들에 따르면 행운을 비는 손가락 모양(독일에서는 검지와 중지를 교차시키는 대신 엄지를 안으로 넣고 주먹을 쥐는 모양이다. 독일에서 행운을 비는 손가락 모양이 서양의 다른 나라들과 다른 이유를 밝히는 연구는 아직 수행되지 않았다)을 한 뒤, 사람들의 수행 능력이 향상되었다고 한다.

행운이 생길 것만 같은 느낌은 외부 환경이 아닌, 내면의 믿음에서 나온다. 그러므로 자기 안에서 이해와 자신감, 지식을 발견할 수 있다는 믿음만 있다면 그냥 당신 자신을 어떻게 보여 줄지 걱정하지 않아도 된다.

자신에 대한 느낌은 감각을 통해 형성된다

자기 안에서 자신감을 발견하는 과정은 다른 사람과 성행위를 하는 것과 마찬가지로 감각적 경험이다. 차이가 있다면 쾌감 대신 자신감을 준다는 것이다. 그래서 자기 회의를 누그러뜨리기 위해서는 그냥 당신 자신을 보이려 하기보다, '자기한테서 나는 향기를 맡아야' 한다. 방금 땀 흘리고 운동했다고 걱정할 필요 없다. 겨드랑이 냄새를 맡으라는 소리가 아니니까.

연구에 따르면, 남성과 여성 모두 자기가 좋아하는 향수를 뿌리는 것만으로 자신감이 향상되었을 뿐만 아니라, 향수를 좋아하는 정도와 비례해서 자신감이 증가했다고 한다. 즉, 후각을 통해 자신에 대한 정보를 얻는다고 할 수 있는 것이다. (마케팅 부서에 알린다. '자신감'이라는 시그니처 향수를 개발할 것. 이름하여 '닥터 V가 만든 새 향수'.)

당신의 생각은 지각에 반영된다

붉은색이 정욕을 상징하는 색이라는 데는 모두 동의할 것이다. 그렇지 않은가? 붉은색은 감각적이며, 생기가 있다. 대담하고 뜨겁다. 그래서 자신감이 필요할 때 붉은색을 찾게 되는 것이다. 붉은색 옷을 입을 때 더 자신감 있게 느낀다는 연구들은 상당히 많다. 그런데 자신의 눈에만 붉은색이 필요한 것이 아니다. 또 다른 연구에 따르면 사람들은 붉은색 옷을 입은 사람을 더 자신감 있는 사람으로 '지각'한다고 한다.

다른 사람이 당신에 대해 자신감이 있다고 지각하면, 그들은 당신을 자신감 있는 사람으로 대하고 그런 대우를 받은 당신은 스스로 자신감이 더 높아졌다고 느낀다. 다른 사람이 나를 어떻게 생각하는지 신경 쓴다고 해서 자신감이 없는 것은 아니다. 자신감은 진공 상태에서 저절로 생기는 것이 아니다. 사랑처럼 다른 사람과의 관계에서 생겨난다.

당신은 당신이 보는 것 이상이다
당신은 다른 사람이 보는 것 이상이다
당신은 당신이 아는 것 이상이다

'그냥 당신 자신을 보여라'는 그냥 #나쁜조언이 아니라, #쓸모없는조언이다. 숨 쉬고 있는 한, 당신은 계속 당신 자신을 보이게 될 것이다. 그리고 늘 자아도취에 빠져 있는 한심한 사람이 아니라면 스스로 의심하는 순간이 반드시 오게 마련이다. 하지만 자신을 이해할 것인가? 자신을 믿을 것인가? 자기를 인식할 것인가? 내가 해주는 #좋은조언 '자기 안에서 이해와 자신감, 지식을 발견하라'는 간단하게 들리진 않을지 몰라도, 이런 질문들에 답하는 데 도움을 줄 것이다.

앞서 자기 안에서 이해와 자신감, 지식을 발견하기 위해 당신이 자고 싶을 만큼 푹 빠진 사람을 대하듯 자기 자신을 대해야 한다고 했는데, 그렇게 표현한 건 누군가와 사랑을 나누는 것이 동시 발생적인 표현이자 친밀감의 창조적 행위라고 생각하기 때문이다. 친밀감은 누군가에 대한 깊고 개인적인 지식이며 이해다. 따라서 '자기 안에서 이해와 자신감, 지식을 발견하기'는 자신에 관한 깊고 개인적인 지식을 형성하는 것을 의미한다.

다른 자기계발서 저자들은 모두 미소 띤 얼굴로 "그냥 당신 자신을 보이세요"라고 말하며 책에 사인해 주겠지만, 난 아니다. 나는 당신을 자신감 넘치게 만들 수 없다. 진짜 깊은 곳에서 우러나는 자신감은 자아 인식과 자기 지식, 그리고 자기 신뢰가 하나로 합쳐져야만 가능하다. 그냥 당신 자신을 보일 필요는 없다.

자기 자신과 사랑을 나누듯 자기 안에서 이해와 자신감, 지식을 발견하고 자신감이 있는 곳으로 당신을 유혹하라. 영화 〈스타워즈〉의 제다이들처럼 자기 회의를 다스릴 줄 알아야 한다. 음악, 색깔, 노력, 향기로 감성과 이성을 자극하라. 스스로 부인할 수 없는 증거들 속에 자신을 빠트려라.

당신은 당신이 보는 것 이상이다.
당신은 다른 사람이 보는 것 이상이다.
당신은 당신이 아는 것 이상이다.

자, 이제 '자기 안에서 이해와 자신감, 지식을 발견'하라.

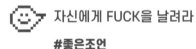 자신에게 FUCK을 날려라
#좋은조언

2

**나를 먼저 사랑해야
남도 사랑할 수 있다**

나는 아직도 사랑이 뭔지 백 퍼센트 확신은 못 하겠다. 당신은? 당신은 알 수 있나? 사랑이 자신의 얼굴을 보여 줄 때, 사랑을 향해 있는 힘껏 자신을 내던지는가? 숨어 버리는가? 저리 꺼지라고 말하는가? 어떻게 사랑하는가? 누구를 사랑하는가? 나 자신을 사랑하는가? 자기 자신을 사랑할 수 있는가?

내 말은, 다른 누군가를 사랑하기 전에 자신을 먼저 사랑하라고 하는 것이 정말 #나쁜조언인가 하는 것이다. 하지만 결국 당신이 자신을 사랑할 수 있었다면, 정말로 '자신을 그런 방식으로 좋아하는지' 궁금해하느라 에너지를 낭비할 필요가 없을 것이다.

당신이 누군가를 사귄 적이 있거나 부모님을 보았다면 알 것이다. 그리고 누군가와 잠자리를 가져 봤다면 더더욱 잘 알 것이다. 정답은 나온 것 같은데, 아닌가? 그렇다면 지금 바로 데이트 앱을 켜고 자신에게 만나자고 신청 버튼을 누르자. (잠깐… 자기 자신과 만나려면 만남 거부를 눌러야 하는 건가? 젠장. 내가 무슨 말 하려는지 알 테니 일단 넘어가자.)

'나를 먼저 사랑해야 남도 사랑할 수 있다'는 결과를 보장하는 말이 아니라 #나쁜조언이다. 이 조언은 '당신이 사랑의 루저가 된 이유가 사랑할 줄 모르는 엄청난 바보이기 때문'이라는 의미를 담고 있다. 그리고 이건 내가 들어본 중 #최악의조언이다.

하지만 이 #나쁜조언은 사랑에 대한 우리의 기대가 맞닥뜨린 위기를 상징하기도 한다. 그것은 심리적 요구, 생물학적 요구와 사회 문화적 메시지의 충돌에서 비롯된 위기이다. 그리고 그 위기는 혜택받은 문화 속, 혜택받은 관계를 고취하는 부유한 선진국의 안락함 속에서만 발생한다.

우리는 손가락 터치 한 번으로 원하는 대부분을 얻을 수 있으며 사랑도 그렇게 해서 얻기를 바란다. 하지만 혜택받은 관계들도 실패한다. 심지어 아마존에서 물건을 구매하는 것처럼 비인격적 방식이 사용되는 경우에도 마찬가지다. 그렇다면 마음에 안 들어 취소하고 싶을 때는? 무시하면 귀찮은 질문은 따라붙지 않는다.

그래도 우리는 여전히 사랑에 빠지고, 가슴 아파한다. 사랑하는 법도, 사랑하는 이유도 모르며 원하는 대로 통제할 수 없다. 그러니 어쩔 수 없이 자신을 속이고 이 #나쁜조언 뒤에 숨는 것이다. 우리는 사랑의 실패를 진정으로 이해하려고 노력하는 대신,

#나쁜조언에서 배운 헛소리 "나는 단지 자신을 충분히 사랑하지 않았어" 혹은 "그녀는 자신을 충분히 사랑하지 않았어"라는 말을 상용구처럼 사용하고 넘어간다. 이렇듯, 정말 많은 사람이 '한 번 사용하고 버리시오'라는 소비지상주의 시각을 통해 사랑을 배운다.

사람들은 이 #나쁜조언을 '연애'에만 적용한다. 다섯 살 아이가 "할머니, 적당히 껴안으세요. 저를 먼저 사랑하기 전에 할머니를 사랑할 수 없단 말이에요"라고 하지 않는다. 우리가 이 #나쁜조언을 가족 사이의 사랑에 적용하지 않는 것은 모두가 가슴 깊은 곳에서 그것이 헛소리라는 의심을 품고 있기 때문은 아닐까. 그렇다면 왜 로맨틱한 사랑에 있어서는 #나쁜조언이 진실이라고 계속 믿으려는 걸까?

그것은 이 #나쁜조언이 거짓된 약속을 하기 때문이다. '나를 먼저 사랑해야 남도 사랑할 수 있다'는 말은 어떤 고통으로부터 당신을 숨겨 주겠다고 약속한다. 바로 실연의 고통이다. 그것은 그냥 헛소리가 아니라 정신 나간 소리다. 어떻게 당신 안에 있는 것으로부터 숨을 수 있나? 이 #나쁜조언을 따르는 것은 연애 문제에 있어 당신이 틀리고 멍청하다고 인정하는 걸 의미한다.

당신의 부서진 마음, 찢어지는 아픔, 거부당한 기분이 누구 때문이라고? 바로 당신 때문이다! 당신이 사랑에 있어서 루저가 된 것은 자기 자신조차 사랑하지 않았기 때문이니까.

'나를 먼저 사랑해야 남도 사랑할 수 있다'는 말은 처음 들을 땐 그럴듯하게 들릴 것이다. 더 이상 가슴앓이를 하지 않게 해 주기를, 그것이 진실이기를 바라는 절박한 사람들에게는 그 말이 위안이 되기 때문이다. 하지만 사랑 문제에는 당신이 어쩔 수 없는 부분이 있다. 당신은 사랑에 빠지고 이별하고 상처받을 것이다. 그리고 그 사랑이 어떻게 변하는지는 당신이 선택할 수 없다. '나를 먼저 사랑해야 남도 사랑할 수 있다'라는 조언은 연애를 마음대로 통제할 수 있다는 환상을 제공한다. 그것은 그냥 #나쁜조언 이상이다. 그것은 현실 부정이다.

사랑에는 순서가 없다
사랑은 동시에 발생한다

자신을 먼저 사랑한다는 개념은 마치 '첫째, 나를 먼저 사랑한다. 둘째, 당신을 사랑한다' 이런 식으로 순서가 있는 것 같은 인상을 준다. 그러니 과학적 데이터나 심리학 이론뿐만 아니라, 앞의 몇 단락을 다시 읽어 보지 않아도 당신은 이게 헛소리라는 걸 알 수 있다. 당신은 이미 사람들을 사랑하고 있다. 그런데 또 나 자신을 '먼저' 사랑하라니, 이 말은 자신을 '가장' 사랑한다는 의미도 담고 있는 것이다. '그녀 기분을 걱정할 틈이 없어. 나 자신을 먼저 사랑해야 하거든.'

하지만 연애는 아무 조건도 달지 않는 동등한 기회라는 개념을 발명했다. 사랑은 당신 문제는 고사하고 계획이나 기대 따위에 눈곱만큼도 관심이 없다. 연애는 당신의 경험을 통틀어 가장 강력하고 변화무쌍한 경험일 것이다. 구름 위를 걷는 듯 황홀한 기분을 느끼게 할 수도, 반대로 영화 〈쏘우〉에 나오는 피해자보다 더 끔찍하게 당신을 난도질할 수도 있다. 그래도 방법이 없다. 이해도 못 하고 통제도 못 하니 사랑에 대한 두려움만 늘어간다. '나를 먼저 사랑해야 남도 사랑할 수 있다'는 조언은 그 두려움을 부인한다. 그것은 '감정은 고를 수 있다'라는 또 다른 #나쁜조언처럼 이루어질 수 없는 약속이다.

선禪을 연구하는 영국 철학자 앨런 와츠Alan Watts는 이 #나쁜조언을 따르는 것을 "자신을 넘어서려고 애쓰는 것"에 비교했다. "자신을 사랑하려고 하는 것은 자기 입술에 입 맞추려고 노력하는 것과 같다."

그는 사랑에 대한 우리 문화의 '규칙들'이 "한 손으로 박수를 치면 무슨 소리가 나는가?"나 "바람의 색이 무엇인가?", "나를 먼저 사랑해야 남도 사랑할 수 있다" 같은 알쏭달쏭한 수수께끼들과 마찬가지로, 선문답으로서 괜찮은 역할을 할 수 있다고 말했다. 불가해한 논리의 선문답을 화두로 참선한다는 것은 당신의 이성을 철저히 살펴 더 깊은 진리를 깨달을 수 있도록 정신을 가다듬는 일이다. 그러니 선문답은 조언이라 할 수 없다. 그것은 사실 #무조언이다.

와츠 선생이 말하려는 바가 바로 그것이다. 수 세기 동안 '사랑'이라는 단어는 묘사할 수 없는 것을 묘사하기에 역부족이었다. 사랑은 느낌이고 상태이며 행위이자 우리 모두에게 한 번에 다가오는 외부의 힘이다. 그러므로 '나를 먼저 사랑해야 남도 사랑할 수 있다'를 선문답으로 활용하면 놀랍게도 도움이 된다. 결국, 사랑은 선택의 문제가 아니기 때문이다.

우리는 똑같이 사랑하는
무한한 개성을 가진 종이다

해리 포터는 주변에서 벌어지는 마법을 이해하지 못하는 평범한 세상 속 평범한 소년이었다. 그러나 나중에 자신이 마법의 힘을 가지고 있다는 사실을 깨닫고, 그것을 사용하는 법을 배워 7권 분량의 책 속에서 마법의 여정을 멋지게 헤쳐 나가는 저력을 보여준다.

사랑하는 능력도 마찬가지다. 당신은 타고난 사랑의 힘을 정교하고 의미 있는 것으로 자연스럽게 발달시킬 수 있다. 다른 누군가를 사랑하기 전에 상상 속에나 존재하는 완벽함에 도달하려고 애쓸 필요가 없다. 당신은 이미 완벽하다. 이 세상에 존재하는 것만으로도 이미 사랑하고 사랑받고 있다.

걸음마를 배울 때, 세포 안 무언가가 걷도록 당신을 자극한다. 걸음마를 배워 나가는 동안 넘어지고 부딪혀 멍이 들기도 하지만, 몸 안의 무언가는 당신이 걸을 수 있다는 사실을 이미 알고 있다. 당신은 그렇게 하게끔 설계되었기 때문이다. 사랑 역시 물리적으로 설계되었다.

과학적 연구들은 사랑에 빠지면 당신의 뇌가 변한다는 것을 보여 준다. 누군가와 사랑에 빠졌다고 느끼게 만드는 생화학 물질의 분비는 자신도 모르는 새 일어나며, 생화학 물질들은 당신이 자신에 대해 어떻게 생각하는지 아무 관심도 없다. 날 못 믿겠다고? 걱정하지 마라. 당신의 생물학적 활동은 심리학적 활동을 뛰어넘을 테니까.

생물인류학자인 헬렌 피셔Helen Fisher 박사는 생물학에서 사랑과 매력 분야의 선구자이다. 나는 그녀에게 이 #나쁜조언을 어떻게 생각하는지 물어봤다. "완전히 틀린 주장입니다." 그녀가 말했다. "근거가 전혀 없어요. 나는 그런 데이터를 본 적이 없습니다. 여태껏 전 세계 엄청난 양의 데이터를 봤는데요, 서양 심리학으로는 분석할 수 없는 상대와 사랑에 빠진 온갖 부류의 사람들도 있었지요. 그래도 다른 누군가를 사랑하기 전에 자신을 먼저 사랑해야 한다는 주장은 들어본 적이 없습니다. 그냥 그럴 수가 없어요. 뇌 회로상 불가능한 일입니다." (자, 이렇다니까.)

피셔 박사의 연구는 사랑이 시작됐을 때, 뇌가 어떤 모습인지 보여 준다. 방금 내가 '사랑에 빠졌다in love'는 표현 대신 시작됐다고 표현한 것에 주목하라. 왜일까? 그것은 피셔 박사가 관계의 초반에 복측피개영역VTA, ventral tegmental area이라고 불리는 뇌의 한

영역이 특정 세포들에게 강력한 쾌감을 주는 호르몬인 도파민을 분비하라는 명령을 내린다는 것을 발견했기 때문이다.

이 같은 반응을 일으키는 또 다른 자극제가 코카인이다. 하지만 코카인과 다르게 연애가 주는 황홀감은 계속 이어진다. 당신의 뇌는 쾌감 호르몬에 잠깐 빠졌다 나오는 게 아니라 푹 절여지는 거다. 앗! 당신 뇌가 세상에서 가장 후한 마약상으로 밝혀지는 순간이다. 피셔 박사는 이것이 연애할 때 우리가 자신을 잃어버리는 이유를 설명해 준다고 본다.

당신은 마치 중독이라도 된 듯이 다른 누군가에 집착하게 된다. 당신의 뇌가 마약 판매상이라면 당신이 사랑하는 사람은 마약 공급자이다. 복측피개영역은 뇌의 깊숙한 곳, 파충류의 뇌reptilian core라고 불리는, 생존 본능과 갈망에 연관된 뇌의 원시적인 부분에 있다. 피셔 박사는 복측피개영역이 "당신의 감정들 밑에" 있다고 묘사한다. 그러나 사랑에 대한 본능적이고 생물학적인 능력은 당신 안에서만 머물지 않는다. 그것은 당신과 당신이 사랑하는 상대방을 연결한다.

스티븐 포지스Stephen Porges 박사는 정신의학자이자 교수이다. 그의 연구에 따르면 우리는 교감하는 상대에게서 나오는 신체적 신호에 무의식적으로 반응한다고 한다. 그래서 당신의 마음과 정신, 육체에 불을 지르는 누군가가 당신에게 같은 감정을 느낄 때, 목소리 톤과 얼굴 표정의 변화뿐 아니라 다른 미묘한 변화가 나타나는 것이다. 심장 박동은 느려지고 호흡은 깊어지며, 그 사람이 하는 말을 더 잘 들을 수 있도록 청각까지 조절하는 방식으로 신체가 반응함으로써 편안하게 교감하고 그 순간을 즐길 수 있게 된다.

이 모든 것은 무언가를 결정하거나 의도하지 않아도 일어난다. 사랑의 행위는 숨 쉬고, 먹고, 자는 행위와 마찬가지로 자연스럽게 이루어진다. 그것은 당신이 인간이라는 인증 마크다. 당신은 사랑할 수 있는 능력을 지니고 태어났을 뿐만 아니라, 이미 그렇게 하고 있다. 사랑의 광기가 주는 고통 속에서, 우리는 절대 생물학적 필연성을 먼저 고민하지 않는다. 폐가 어떻게 움직이는지 알아야 숨 쉴 수 있는 게 아닌 것처럼, 사랑을 온전하게 이해하지 못해도 사랑할 수 있다. 당신이 고민해야 하는 것은 사랑의 '가정'이 아니라, 사랑의 '방식'이기 때문이다.

이 모든 과학적 연구와 자료들은 이런 질문으로 이어진다. 만약 로맨틱한 사랑이 생물학적으로 필연적인 것이라면 우리는 왜 계속 사랑을 망치는 걸까? 그런데 사실, 망치고 있는 것이 아니라면? 당신은 이미 전문가이며, 다른 사람을 사랑하는 데 있어 당신의 단점까지 포함해 완벽한 존재라면? 몸에서 일어나는 생화학적 반응에 따르면, 당신은 정말 그렇다. 문제는 당신이 사랑하는 법을 모르는 것이 아니라 자신의 생물학적 반응을 의심하고 그것과 갈등하는 상태에 있다는 것이다. #나쁜조언은 매번 당신을 그런 갈등의 상태로 만든다. 그리고 #나쁜조언은 조력자까지 두고 있다.

광고: 당신이 이미 모든 것을 가지고 있다는 사실을
잊게 만드는 마법

당신이 비참한 기분이 들도록 만드는 데 수십억 달러가 지출되는데, 이는 모두 광고 비용이다. 우리는 끊임없이 광고가 쏟아지는 세상에 살고 있다. 모든 광고가 같은 물건을 팔지는 않아도 대부분 같은 '말'을 한다. "뚱뚱한/못생긴/지루한/외로운 인간이 되고 싶지 않으시죠? 그렇다면 이걸 사세요!"

광고는 이런 의미를 담은 메타 메시지meta-message*가 우리 일상 곳곳에 스며들게 만들면서 '나를 먼저 사랑해야 남도 사랑할 수 있다'고 교묘하게 당신을 설득한다. 당신이 부족하고, 가치가 없으며, 결함이 있는 존재라고 얘기하는 메타 메시지가 넘쳐나는 문화 속에서 어떻게 자기 자신을 사랑할 수 있겠는가? 당신이 여성이라면 이런 메시지는 더 아프게 느껴질 것이다.

광고는 종종 어린 소녀뿐만 아니라 성인 여성도 자신의 몸에 대해 부끄럽게 느끼도록 만든다. 도브Dove의 '아름다움을 선택하세요Choose Beautiful' 캠페인에서 밝혀진 바에 따르면, 우리 사회에서 자신을 아름답다고 생각하는 여성은 4퍼센트도 되지 않는다고 한다. 또 호주의 여성 건강을 위한 진 헤일스Jean Hailes 재단이

- 메타 메시지는 언어적 표현만으로 뜻을 전달하는 메시지와 다르게, 똑같이 발화된 언어적 표현이 다른 의미로 받아들여지는 여러 비언어적 표현, 즉 음성, 표정, 태도 등을 포함한 상태로 의미를 전달한다.

2016년에 발행한 보고서는 여성들이 암에 걸리는 것보다 살찌는 것을 더 두려워한다는 것을 보여 준다. 그리고 학부모를 위한 비영리단체, 코먼 센스 미디어Common Sense Media의 조사에 따르면 평균적으로 소녀들이 첫 다이어트를 하는 나이는 8세라고 한다.

지구 반대편 섬나라 피지는 원래 이런 종류의 자기혐오에서 안전한 곳이었다. 피지가 미국의 TV 프로그램과 광고를 내보내기 전까지 '몸무게가 늘었다'는 말은 그곳에서 칭찬이었다. 청소년기 소녀들의 자존감이 곤두박질치는 데는 그로부터 5년이 채 걸리지 않았다. 피지의 젊은 여성들은 갑자기 '몸무게가 너무 많이 나간다'고 느끼며 뚱뚱한 것을 부끄러워하게 되었다.

그러므로 전 세계 수백만의 여성들이 비슷한 유의 자기혐오를 드러내는 것이 우연은 아니다. 사회는 우리에게 자기혐오를 학습시키면서 동시에 자기애를 기대한다. '뚱뚱하고 못생긴 자신을 사랑해야 남도 사랑할 수 있다'면서.

우리가 믿으니까 계속 말한다

당신은 자기를 혐오하게 만드는 메시지와 자신을 사랑하면 모든 문제가 해결될 수 있다는 메시지를 동시에 듣고 있다. '자신을 사랑하라'는 키워드로 구글 이미지를 검색해 보면 #나쁜조언이 달린 어마어마한 양의 하트, 새, 꽃, 고독한 등대를 포함해 온갖 종류의 아련한 느낌의 사진들이 나온다.

실로 이런 메시지는 엄청난 이윤을 내기 때문에 우리는 이 #나쁜조언의 흔적을 저스틴 비버의 음악이나 케이팝 아이돌 BTS 의 'Love Yourself' 캠페인에서도 발견한다. 그리고 본인 페이스북 에 '좋아요'를 누르는 평범한 사람들도 많다.

하지만 비록 당신이 자신을 먼저 사랑할 수 있다고 하더라도, 당신이 매일같이 "나는 나를 사랑한다I Love Me"라고 트윗을 날리 는 래퍼 구치 메인Gucci Mane이 아닌 이상, 여전히 자신에 대해 불 만이 있을 수 있다. 자기 자신을 사랑한다는 말은 온라인 프로필 상태 메시지로 쓸 만한 표현이 아니다. '나는 나를 사랑하는 중.' 아무리 절박한 사람도 자아도취에 빠진 얼간이와 자고 싶진 않을 것이다. "난 나 자신을 사랑해"라고 말하면서 우쭐대는 느낌을 주 지 않기란 쉽지 않다. 그렇다고 "난 나 자신을 싫어해"가 더 나은 것도 아니다. 자기혐오는 하나도 섹시하지 않다.

역설적인 것은, 자기애는 자기계발서가 주는 환상일지 모르 나 자기혐오는 종종 너무 현실적이라는 것이다. 게다가 자신을 사랑하는 것이 불가능하다고 해서 당신에게 자기혐오를 학습시 키는 주변 현실을 바꿀 수도 없다. 자기혐오가 다른 사람을 사랑 하는 방식에 부정적인 영향을 주고 있다는 사실은 의심의 여지가 없고, 그래서 당신은 자기애가 자기혐오를 완벽히 대체할 수 있 다고 생각할지 모른다. 하지만 그렇지 않다. 자기애는 일종의 신 화이기 때문이다. 그런데도 수백만의 머저리들은 자기혐오를 학습하는 동시에 자신을 먼저 사랑하라는 #나쁜조언을 따르려고 노력한다.

'자신을 사랑하고, 사랑하고, 또 사랑하길' 바라는 그 모든 압력과 기대에 비해 당신에게 그 구체적인 '방법'을 알려 주는 사람들은 없다. 그 이유가 뭔지 아는가? 헬렌 피셔 박사의 말을 빌리자면, "당신은 자신을 사랑할 수 없다. 사랑은 다른 사람과 소통하기 위해 진화한 감정이기 때문이다".

생물학적으로 다른 사람을 사랑하는 것은 필연이다. 하지만 자신을 사랑하는 것은 생물학적으로 '불가능'하다. 이 장, 아니 이 책, 그리고 나아가 자기계발서 장르 전체가 가진 목표가 자기 자신을 사랑하는 법을 배우는 거라면, 그리고 그게 불가능하다면… 대체 우리는 지금 무슨 짓을 하고 있는 걸까? 과학은 연애가 '자신을 사랑하기'처럼 한 개인 내부에서 벌어지는 현상이 아니라, 오로지 다른 사람과의 사이에서만 가능한 상호작용이라는 사실을 확실히 보여 준다. 이 때문에 자기애의 백일몽이 아닌 현실적 '자기 돌봄self-care'이 자기혐오의 해독제가 된다.

다른 누군가를 사랑하는 것은
자신을 돌본다는 의미다

고등학교 보건 수업시간에 마약의 해악이나 콘돔 사용법 등은 배웠겠지만, 학교는 자신의 마음과 정신을 돌보는 자기 돌봄의 방법은 제대로 가르쳐 주지 않는다. 운이 좋다면 당신을 가르쳐 줄 자기계발 분야의 유명한 멘토를 만날 수도 있을 것이다. (하지만 TV에 등장하는 많은 정신건강 전문가들은… 음… 나도 TV에 나오긴 하지만….) 생물학적 본능은 당신이 어떻게든 다른 누군가를 사랑하게 될 거라는 사실을 보장한다. 하지만 당신이 자신의 마음과 정신을 돌보는 법을 알고 있을 때만 '제대로' 사랑할 수 있다.

그리고 그런 자기 돌봄은 꾸준히 유산소 운동을 하고, 좋은 치실을 사용하며, 제대로 콘돔을 사용하는 것 이상을 의미한다. (이것들이 중요하지 않다는 말이 아니다. 사실, 첫 번째와 두 번째를 제대로 한다면 세 번째로 연결된다.)

당신은 더 많은 것을 알아야 한다. 스스로 자신의 가치를 상기시킬 수 있어야 한다. 스스로 건강한 상태를 유지하는 법을 알아야 한다. 자신에게 언제 "안 돼"라고 말하고 언제 "괜찮아"라고 해야 할지 알아야 한다. 스스로에게 의지할 수 있도록 자신감을 가져야 하며, 다른 사람들도 당신에게 의지할 수 있을 만큼 자신감이 충만하다고 느껴야 한다. 당신은 몸뿐만 아니라 마음도 건강하게 살찌우는 법을 알아야 한다.

이 모든 것을 하나로 합하면 '진정한 자기 돌봄으로 부모처럼 자신을 양육하는 능력'이 된다. 자신을 제대로 양육할 때, 사랑을 더 잘할 수 있다는 걸 알게 될 것이다.

자신을 왕엄마처럼 돌보는 법을 알 때
다른 사람을 현명하게 사랑할 수 있을 것이다
#좋은조언

단도직입적으로 말하면, 이 장의 #좋은조언이 '어머니처럼 자신을 돌봐라Mother Yourself'가 아니고 '왕엄마처럼 자신을 돌봐라 Mutha Yourself'인 이유가 있다. 어머니는 위대하다. 나 자신도 어머니다. 하지만 '왕엄마Mutha'는 어머니와 다르다.

일단 '왕엄마'라는 단어를 한번 보자. 같이 발음해 보자. "와아아아아아아아아앙엄마." 정말 있는 힘을 담아 큰 소리로 다시 말해 보자. 왕엄마. 담고 있는 의미가 제대로 드러나도록, 당신 마음 깊은 곳부터 올라오는 강하면서도 현명한 무언가처럼 들리게 말이다. 그것은 정말 거대한 느낌을 준다! '왕'은 양을 과장할 때 사용한다. 예를 들어 '왕 많다'라고 쓸 수 있다. 그러면 만약 누군가 연극에서 '왕엄마' 역을 맡아야 한다면 누가 좋을까? 타미 로만 Tami Roman? 루 폴Ru Paul? 루스 베이더 긴즈버그Ruth Bader Ginsburg? 스눕독Snoop Dogg? 당신이 생각하는 '왕엄마'는 누구인가?

'왕엄마처럼 자신을 돌보는 일'은 부모가 할 일이 아니다. 그것은 자신을 부모처럼 양육하는 법을 배우는 일이다. 당신의 부모가 좋은 부모이든 나쁜 부모이든 상관없이, 당신은 현재 성인이다. 부모가 당신에게 해주거나 해주지 않은 일이 무엇이든, 자신에게 무엇을 해줄지는 당신에게 달렸다. 그것은 채소를 많이 먹거나 방 청소를 잘하는 문제 이상이 될 것이다. 스스로 자신을 부모처럼 양육할 때, 당신은 자기 안에서 편안함을 찾고, 자신을 보호하고 돌보며, 올바른 길로 안내하는 자원들을 만들고 계발하게 된다.

그리고 그것은 자신을 먼저 사랑하는 법을 배우게 하는 대신, 당신을 제대로 사랑할 수 있는 상태로 만든다. 내가 왕엄마처럼 자신을 돌보라고 말한 이유가 거기에 있다. '왕엄마'는 이미 당신 안에서 초대를 기다리고 있다. 당신은 용서를 통해 왕엄마를 초대할 수 있다.

용서를 통해
마음이 치유되기 시작한다

태어나서 지금까지 당신이 한 모든 일을 용서하라. 그리고 과거의 무언가가 당신을 끊임없이 괴롭히고 있다면, 이렇게 위안 삼아라. 당신이 여태까지 저지른 가장 끔찍한 잘못이라고 생각하는 일을 가장 정확하게 기억하고 있는 사람은 다른 누구도 아닌 '당신 자신'이라고. 다른 사람들은 기억하지도 못할뿐더러, 기억한다 하더라도 개뿔도 신경 쓰지 않는다. 당신 내면의 '왕엄마'는 분명 그럴 것이다.

그래도 당신이 자신을 용서하기 위해 누군가에게 연락해 개인적으로 사과할 필요가 있다면, 그렇게 하라. 자신에게 일을 바로잡을 능력이 있다는 사실을 절대 잊지 마라. 그러니 자신을 용서하라. 크게 소리 내서 말하라. "나는 나 자신을 용서한다." 정말 그렇게 될 때까지 계속 반복하라. '자신을 사랑하기'는 불가능한 일이지만, '자신을 용서하기'는 반드시 해야 하는 의무 사항이다.

당신 또한 '자신'에게 벌어진 일로 충분히 고통받아 왔다. 그 모든 일에 대해 자신을 용서하라. 내면의 '왕엄마'가 당신에게 뭐라고 할지 아는가? 이 세상 잔인한 또라이들의 끔찍한 행동에 당신은 책임이 없다고 할 것이다. 그들 때문에 자신을 탓하지 마라.

수치심은 영혼의 독이다. 다른 사람의 못된 행동에 당신이 수치심을 느낄 필요는 없다. 그리고 '당신'의 정체성도 수치스럽게 생각할 문제가 전혀 아니다. 당신은 '자신을 사랑하는 법'을 모르기에 '나를 먼저 사랑해야 남도 사랑할 수 있다'는 #나쁜조언도 수치심으로 다가올 것이다. 수치심을 없애고 싶은가? 왕엄마처럼 자신을 돌봐라. 당신의 근거 없는 수치심의 실체를 파악하라. 그것은 독이다. 당신의 정신을 오염시키고 자신의 본능을 의심하게 만들며 자신이 사랑받을 가치가 없는 존재라고 믿도록 부추긴다.

'왕엄마'는 누구보다 잘 알고 있다. 내면의 '왕엄마'가 하는 말에 귀를 기울여라.

고통에 중독되지 마라

내가 어렸을 때, 엄마는 나를 죽도록 팼다. 1972년에는(그리고 일부는 아직도) 준비되지 않은 십 대 엄마가 감당할 수 없는 상황에 봉착하면, 종종 그런 식으로 행동했다. 하지만 나를 상담한 치료사가 "엄마가 당신을 사랑할 때는 언제였나요?"라고 물었을 때, 내 세상이 변했다.

엄마를 향한 모든 고통과 부정적인 감정은 엄마에 대한 사랑, 그리고 '나를 향한 엄마의 사랑'과 공존하고 있다는 사실을 깨달았다. 나는 엄마와의 관계에서 다중적인 진실을 보게 됐다. 우리 엄마는 나를 무척 사랑했지만 동시에 형편없는 부모였을 수 있다. 그 사실이 학대에 대한 변명이 될 수는 없어도, 내가 우리 엄마를 가해자가 아닌 불완전한 인간으로 보는 데는 도움이 되었다.

당신 내면의 '왕엄마'는 어떤 관계든 나와 엄마 사이의 진실 같은 것이 있을 수 있다고 말해 줄 것이다. 누구든 당신을 망치고 괴롭히는 가해자로 만들 필요는 없다. 그렇다고 건강하지 못한 인간관계를 수용하거나 유지해야 한다는 말은 아니다. 피해자와 가해자의 역할을 설정하게 되면, 마음에 잘못된 한계를 긋고 고통과 부정적 감정에 자신을 박제시키게 된다는 것이다. 누군가는 당신에게 상처 줄 의도가 없음에도 대책 없는 머저리가 될 수 있다는 사실을 받아들여라. 당신이 고통 속에서 보내는 시간을 줄일수록 고통을 당연하게 받아들이는 경향이 줄어들 것이다.

고통을 수용한다는 것은 고통을 정당화하고 거기에 중독되는 일이라는 사실 역시 알아야 한다. 때로는 단순히 뭔가 느낀다는 자체가 살아 있다는 기분이 들게 하는데, 이는 우리가 감각을 추구하는 동물이기 때문이다. 같은 고통에 너무 오랜 시간 사로잡혀 있으면, 그 고통을 더는 고통이 아니라고 확신하게 된다. 역기능적 상태가 습관화되는 것을 원치는 않을 것이다. 왕엄마처럼 자신을 돌봐라. 그리고 고통에 기대지 마라.

당신만 고통에 기대는 일을 멈추는 것이 아니라 세상의 고통도 당신에게 기대지 않도록 해야 한다. 가끔은 세상을 살면서 나 자신이 작고 힘없는 존재로 느껴질 때가 있다. 그것은 우리가 꼰대, 겁쟁이, 머저리 같은 놈들과 함께 세상을 살기 때문이다. 그들은 당신의 이름도 모르고 당신이 하는 얘기를 듣거나 얼굴을 본 적도 없으면서, 당신이 누구이고 어떻게 행동하는지, 누굴 사랑해야 하는지뿐만 아니라 어떤 사람이 될 수 있는지까지 가르치려 든다. '그들은 당신을 전혀 볼 수 없어서' 당신을 있는 그대로 보지 않는다. 자기 멋대로 당신을 그들이 바라는 어떤 상징으로 만들어 버리는 것이다.

사랑과 인간관계는 이러한 역동에 면역이 되지 않는다. 당신의 개성은 하나의 자산이지, 다른 누군가의 바람에 맞춰 고치거나 다시 손봐야 하는 장애물이 아니다. 당신은 다른 사람의 고통을 그대로 흡수해야 하는 존재가 아니다. 학대를 받아들이지 마라. 절대로. 학대하는 또라이에게서 떨어져라. 익명성을 용기라고 착각하는 인터넷상의 비겁한 악플러도 이런 인간 유형에 속한다. 그런 놈은 현실 세계에서는 또라이 짓을 할 배짱조차 없다.

'왕엄마'는 보호자이다. 당신을 괴롭히는 또라이들에게서 벗어나 자신을 왕엄마처럼 돌보고 보호하라. 그들이 당신을 붙잡게 두지 말고, 그들을 바꾸거나 구제하려고도 하지 마라. 그냥 떠나라. 무슨 일이 있었든지 상관없다. 남을 괴롭혀도 되는 또라이 자격증 같은 건 세상에 없다.

거절의 신호가 아닌
수락의 단서를 찾아라

계속 빗나가는 사랑을 한다는('잘못된' 사람을 사랑한다는) 생각이 든다면, 당신은 이른바 본능을 무시하고 습관적인 선택을 하고 있을 가능성이 있다. 내면의 '왕엄마'는 당신에게 문자나 전화를 할 수는 없어도 본능을 통한 메시지는 전달할 수 있다. 그러니 누군가 당신 눈앞에서 거절의 신호를 들이민다면, 무시하지 마라. 본능이라고 할 수 있는 내면의 '왕엄마'가 말하고 있는 거니까.

음, 내가 원하는 사람이 현실적으로는 나와 맞지 않는다는 사실에 정말 낙담했을 거라는 점은 나도 이해한다. 그렇다고 거절의 신호를 수집하기 시작해선 안 된다. 거짓이라고 믿는 편이 낫다고 해서 진실을 외면하지 마라. 당신이 사람들에게서 훌륭한 점을 발견하는 능력이 있다는 건 안다. 그것은 존경할 만한 자질이다. 앞으로도 그 자질을 잃지 않길 바란다. 그래도 내면의 '왕엄마'는 누군가가 진짜로 가지고 있는 훌륭한 점을 발견하는 것과 그 사람이 가지고 있기를 내가 바라는 것을 구분할 수 있다. 거절은 왕엄마처럼 자신을 돌보고 그만 빠져나가라는 신호이다.

인간으로서 당신의
선한 본성을 믿어라

매일 볼 수 있고 결코 부인할 수 없는 나의 장점을 찾아서 정리해 보라. 거울을 쳐다보며, 자기계발서에 나올 법한, 자신도 믿지 않는 말을 앵무새처럼 따라 하라는 말이 아니다. '왕엄마'는 당신한테 그런 헛짓거리를 시키지 않는다. 과학적 데이터에 따르면, 그렇다고 확언하는 것이 아니라 진짜로 믿어야 효과가 있다고 한다. 믿지도 않으면서 자기 확신을 가지려고 노력한다면 오히려 악영향을 초래할 것이라고 말한다.

그러니 확언 따위는 개나 줘 버려라. 자기애에서 자기 돌봄으로 관점을 변경한 것처럼, 확언이라는 개념에서 벗어나 입증 가능한 특성으로 눈을 돌려라. 당신은 현실에서 자신이 잘하는 일의 증거를 찾고 목록을 만드는 일을 해야 한다. '나는 ○○을 잘한다', '나는 어떻게 ○○하는지를 배웠다', '사람들은 내가 ○○할 수 있다고 믿는다' 등등.

매일 목록을 정리하는 일은 부인할 수 없는 나의 장점들을 내면화하는 동시에 다른 사람들에게 드러낼 수 있도록 해준다. 장점 목록을 만드는 것이 힘들다면, 당신을 사랑하는 누군가의 시선으로 자신을 바라보려고 노력해 보라.

인생에서 최악의 상황이 닥쳐 나에 대해 어떤 좋은 점도 생각나지 않을 때, 나는 남편과 엄마, 아빠, 내 아이, 친구들의 시선으로 나를 바라보려고 노력한다. 나에게 좋은 점이 있기는 한지 의심스러울 때, 그들이 내 삶에 존재하고 나를 사랑한다는 사실이 유용한 증거가 되어 준다.

당신도 그렇게 할 수 있다. 당신이 현명한 왕엄마가 되어 자신을 돌볼 수 있는 때일지라도, 마중물로서 다른 누군가의 도움이 필요할 수 있기 때문이다.

이는 내가 말하려는 다음 주제와 자연스럽게 연결된다. 내면의 '왕엄마'는 당신이 함께하는 무리를 예의주시한다. '왕엄마'가 당신을 감시한다는 것이 아니라 '사람들에게 영향을 받는다'는 사실을 기억하길 바란다는 말이다.

자신의 인생에 좋은 기운을 불러오는 사람들과 함께 시간을 보낸다면, 그 좋은 기운이 당신에게 반영된다고 느끼게 될 것이다. 그리고 늘 부정적인 무리와 어울린다면, 흠… 내면의 '왕엄마'에게 한번 물어보라. 아마 왕엄마는 "칠면조 무리에 있으면서 독수리와 함께 날아오를 수는 없어"라고 말할 것이다.

가까이 지내며 함께 시간을 보내는 사람들을 살펴보라. 좋은 기운이 어디에 있으며, 어떤 사람들에게서 나오는가? 그 사람과 함께하라. 인생에 좋은 기운을 가져오는 사람들은 당신 안에서 좋은 기운을 불러낼 수 있다. 그런 사람을 발견하기가 어렵다면, 그런 사람들부터 찾아라.

휴대전화만 확인하지 말고
자기 머릿속도 확인하라

당신은 스마트폰을 챙기는 것만큼 나 자신을 챙기는가? 확신하건대 당신은 배터리 잔량 표시가 빨간색으로 바뀌자마자 황급히 전원에 연결할 것이다. 소프트웨어 업데이트는 커피 한 잔을 다 마시기도 전에 완료될 것이다. 하지만 '자신'에게 재충전이 필요할 때도 그렇게 하는가?

정신을 업데이트할 때가 되었다는 건 어떻게 아는가? 휴식이 필요한 때가 언제인지 어떻게 아는가? 모두가 당신에게 즉각적인 반응을 기대하는 상황에서 이런 것들을 바로 알아채기란 쉽지 않다. 그래도 당신의 '왕엄마'는 안다. '왕엄마'는 섬세하고 민감해서, 당신이 화면을 너무 오래 보았기 때문에 쉴 때가 되었다는 것을 잘 알고 있다.

당신이 쉬어야 하는 순간이란 혹사당하고 있다고, 일을 덜 해야 한다고 느끼는 때다. 현재 스트레스를 주는 일이 무엇이든 거기에서 벗어나 단 5분만이라도 그냥 가만히 있어라. 그리고 만약 시간이 5분도 없다고 생각된다면… 어떻게든 만들어라! 재충전하는 데 뭐가 필요한지는 본인이 찾아내야지! 제기랄, 휴대폰은 제꺼덕 충전하면서! 자기한테 필요한 건 자신이 알아내야 한다. 내 경우에는 상담이 끝나고 다음 상담 사이에 10분 정도의 휴식이 필요하고, 피곤한 여행 뒤에는 이틀 정도가 필요하다. 내면의 '왕엄마'는 이 부분에 대해서는 엄격하다.

"그 망할 휴대폰이 너 자신보다 더 소중하니! 이리 내놓고 당장 밖으로 나가!"

진지하게 하는 말이다. 매 순간이 당신 '인생'의 일부이다. 그 시간은 당신의 소유이며 오직 당신만의 것이다. 당신에게는 일을 천천히 할 권리가 있다. 대화의 속도, 결정을 내리는 속도, 어떤 일에 반응하는 속도, 그 모든 것을 당신이 결정한다. 당신의 인생은 당신을 위한 시간이다. 그리고 내면의 '왕엄마'는 언제 당신이 무감동하고 활기가 없는지 잘 알고 있다.

"지루하니? 넌 영리하니까 뭔가 할 일을 찾을 수 있을 거야."

자신의 울타리를 벗어나라. 새로운 일을 시도해 보고 배워라. 새로운 경험은 제대로 성장하고 성취감을 느끼게 해주는 동력이 된다. 한 번뿐인 인생이다. 모험하라. 당신의 시간을 되찾아라.

어린 시절의 지혜가 나이와 함께
증발하도록 두지 마라

자신이 저절로 어른이 되었다고 생각할 수도 있지만, 어른이 되었다는 것은 그 자체로 어린 시절 맞닥뜨렸던 어려움을 극복했다는 증명이라고 볼 수 있다. 다시 말해, 자신에게 필요한 말을 스스로 해줄 수 있다는 뜻이다. 내면의 '왕엄마'는 사실, 당신 안에 있는 힘, 지혜, 능력을 부르는 이름일 뿐이다. 알다시피 #나쁜조언은 당신이 그것들을 부인하길 바란다. 그렇게 되면, 당신은 내면과 접촉할 수 없게 된다.

현재 당신 내면에 있는 자신 있고, 창조적이며, 자유로운 불꽃(내면의 '왕엄마'라고도 부르는)에 다시 접촉하기 위해 과거의 자신을 왕엄마처럼 돌보아라. 이러한 질문을 스스로에게 던지면, 당신의 '왕엄마'는 이렇게 말할 것이다. "어린 시절 자신에게 해주고 싶은 한마디가 있다면?" 그것이 무엇이든, 지금 당장 자신에게 그 말을 해주어라. 주머니에 들어갈 만한 작은 종이에 그 말을 써서 갖고 다녀라. 엄마가 점심 도시락에 넣어 주는 쪽지처럼, 그것은 당신의 '왕엄마'가 건네는 실재적인 증명이자 지침이다. 나는 그렇게 했다. 내가 적은 말은 "두려워하지 마"였다.

당신의 진심을 담은 말을 찾아서 자신에게 반복해 들려주어라. 당신이 가질 수 있는 창조성과 에너지에는 한계가 없다. 당장 빛을 밝혀라.

대가를 바라지 말고 몸을 제대로 돌보라

당신 내면의 '왕엄마'는 '몸'을 돌보지 않는 한 여태까지 했던 유용한 자기 돌봄의 조언들이 소용없다는 사실을 알고 있다.

"토요일이야. 밖의 날씨 좀 봐. 네가 뭘 하든 상관은 없지만, 그 망할 TV 앞에 종일 앉아 있기만 하면 안 돼."

당신이 즐기는 또는 싫어할 수도 있는 '어떤' 신체 활동을 찾아라. 당신이 전념할 수 있기만 하면 된다. 나쁜 음식을 너무 많이 먹지 마라. 마약을 하지 마라. 적어도 이런 건 이미 알고 있겠지. 그러면 여기 통계자료를 이용해 좀 더 성가시게 해주겠다! 규칙적인 운동은 뼈, 혈관, 면역체계를 포함해 신체를 강하게 만든다. 스트레스를 줄여 주고, 당뇨나 암과 같이 심각한 질병을 예방할 뿐만 아니라, 당신을 더 똑똑하게 만들어 준다(육체에만 집착하면서 헬스클럽에서 살다시피 하는 바보들이 떠오르겠지만). 아, 몸매도 좋아진다. (단, 사람들이 다 똑같은 몸매여야 하는 것은 아님을 기억하라.)

내면의 '왕엄마'는 당신이 자기 몸에 만족하길 바란다. 거기에는 오르가슴도 포함된다. (봐라, '왕엄마'가 진짜 어머니라고 생각하면 얼마나 이상할 뻔했는가. 다행히 내면의 '왕엄마'는 사실 당신이니까, 괜찮다.) 흠, 흠, 오르가슴이 주는 심리적이고 신체적인 이득은 과학적으로 확실히 증명된 바 있다. 오르가슴은 수면의 질을 향상시키고 혈액 순환을 개선할 뿐만 아니라, 스트레스를 완화하고, 수명을 연장하며, 건강에 도움이 되는 호르몬의 분비를 증가시키는 등 좋은 역할을 많이 한다.

당신이 싱글이라고 해서 이런 장점 중 어떤 것도 놓칠 필요는 없다. 주변의 그 누구도 당신에게 오르가슴을 느끼게 해주지 못한다면, 스스로 해라. 자신의 몸에 두려움이나 수치심을 느끼지 마라. 클리토리스가 어디 있는지 파악해 그것을 만지거나, 당신이 남성이라면 음경 여기저기를 탐색하라. 모든 전자 기구를 방해 금지 모드로 두고 (뭐, '거의' 모든 기구라고 해두자) 어떻게 하면 기분이 좋아지는지 알아내라. 그렇게 해서 발견한 것들은 연인(들)과 공유할 수 있다.

오르가슴은 좋은 영향을 주며, 당신에겐 그것을 원하는 만큼 느낄 권리가 있다. 그리고 큰 출판사에서 나온 어떤 자기계발서는 건강을 위해 자위하는 법을 가르쳐 주기까지 한다. 뭘, 고맙긴. 당신 내면의 '왕엄마'도 내 생각에 동의할 거라 장담한다.

전혀 두려워할 필요 없다
섹스는 당신에게 좋은 거다. 좋은 하루 보내길

섹스가 부적절한 대화 주제라고 말한 얼간이는 대체 누구냐? 사랑에 대한 우리 문화의 한심한 시각은 섹스에도 영향을 미친다. 우리는 서로 대립되는 메시지들을 동시에 접하고 있다. 섹스가 술이나 스포츠카 같은 상품을 파는 데 이용되지 않을 때는 일반적으로 더럽고 역겨우며 나쁘다는 종교적 메타 메시지가 주어진다. 하지만 개인적인 차원에서 생각하면, 우리는 온갖 종류의 권력 게임을 섹스와 결부시킨다. "세 번째 데이트 전까지는 자면 안 돼"와 같은 말이 그 예다.

내면의 '왕엄마'는 당신이 질문을 끝내기도 전에 그런 말은 헛소리라고 말해 줄 것이다. 나의 '왕엄마'는 내가 남편과 첫 데이트에서 침대로 직행했을 때 정말 기뻐했다. 법적으로 성인인 사람들이 성관계를 가지는데 일정 기간을 기다릴 이유도, 섹스하는 게 이상하거나 나쁘다고 느낄 이유도 없다. 그리고 당신이 누군가와 섹스를 할 때는 처음이든 수천 번째든 상관없이 그 덕분에 섹스를 더 잘하게 되는 경험을 쌓는 셈이다. 그리고 내면의 '왕엄마'(확실히 진짜 엄마는 아닌)는 연인을 당신 입으로 가져오는 데서 시작하라고 말할 것이다. 아래를 보아라.

당신의 성별이나 성적 지향에 상관없이, 오럴섹스는 인생 최고의 쾌락 중 하나이며 의무이다. 당신과 파트너는 서로에게 그것을 해줄 의무가 있다. 코미디언 빌 마Bill Maher는 오럴섹스의 본성과 관련해서 이렇게 언급한 바 있다. "당신이 역겨워하는 일을 내게 해주면 나도 내가 역겨워하는 일을 당신에게 해줄 것이다"(알림: 알기 쉽게 바꿔서 표현한 것임). 내 요점은 역겨운 데 있는 것이 아니라, 주고받는다는 데 있다.

그리고 말 나온 김에 한마디 보태면, 섹스를 무기처럼 사용하지 마라. 섹스는 말다툼을 완화하는 좋은 방법이지만 다툼이 섹스의 전제조건이 되어선 안 된다. 우리 모두 메이크업 섹스make-up sex*를 좋아한다. 하지만 친밀감을 얻자고 갈등을 애피타이저로 만들 필요는 없다. 당신의 성욕을 왕엄마처럼 관리하되, 갈등을 성적 페티시로 만들지 마라.

사랑하는 사람들을 보살피는 것은
자신을 위하는 일이기도 하다

자신을 '왕엄마처럼 돌볼 때', 당신이 얻게 되는 장기적 보상은 자신감이다. 다른 사람을 사랑하는 일과 자신감을 얻는 일이 무엇과 상관있냐고? 바로 당신 자신이다. 관계에 동반하는 것이 바로 '나'이기 때문이다.

진정한 자신감은 나 자신과 다른 사람들에게 최고의 나를 드러낼 수 있도록 해준다. 사랑하고 사랑받을 만한 가치가 있는 사람이라는 확신이 있다면 '나 자신을 먼저 사랑해야 하는데…' 하고 걱정할 필요가 없다. 너무도 명백한 자신감의 원천을 형성하고 유지하고 있기 때문이다. 게다가 허구적인 자기애와는 다르게, 자신감은 실제로 굉장한 최음제 역할을 한다.

비록 당신이 아직 그 사람을 만나지 않았다고 하더라도, (대

---

* 사랑하는 사람과 말다툼 후에 하게 되는 거칠지만 만족스러운 섹스.

부분 여러 사람이겠지만) 누군가는 세상에 단 한 명뿐이며 거부할 수 없는 좋은 사람인 당신과 사랑에 빠질 준비가 되어 있을 것이다. 육체적인 사랑에만 한정해서 하는 말이 아니다. (물론 세상에는 그런 사람들도 있지만.) 내가 말하는 것은 진실하고 깊이 있으며 열정적이고 로맨틱한 사랑이다.

헬렌 피셔 박사는 성적인 충동과 별개인 연애의 충동이 있다는 점을 이론화했다. 성적인 충동은 가능하면 다양하고 많은 상대와 성행위를 하라고 부추기지만, 연애의 충동은, 피셔 박사의 표현에 따르면, 이상적인 한 명의 상대를 위해 '짝짓기 에너지를 아끼길' 바란다. 이론상으로 이상적인 상대와는 이상적인 자손을 만들게 된다.

연애는 당신에게 단지 가능성이 아닌 필연이다. 어쩌면 지금 당신은 사랑하는 중이거나 막 사랑에 빠지려는 순간일지 모른다. 누구나 사랑에 빠질 수 있으며, 사랑하게 될 것이다. 하지만 자신을 왕엄마처럼 돌볼 수 있는 사람들만이 제대로 사랑하고 사랑받는 법을 알게 될 것이다.

**우리가 이 땅에 존재하는 이유는 서로 사랑하기 위해서다
다른 것은 중요하지 않다**

이제 자신을 왕엄마처럼 돌볼 수 있게 되었으니, 데이트 앱 같은

곳이나 소개팅을 통해서 특별한 상대를 만났다고 상상해 보라. 문자로 깊은 대화를 주고받은 뒤, 누군가 먼저 전화를 걸어 공공장소에서 만났다. 서로 이상한 사람이 아니라는 검증이 끝난 후(왕엄마도 허락했다!), 서로 SNS에서 친구를 맺고, 온라인 프로필을 누군가와 사귀는 상태로 바꾼다. 당신의 뇌는 도파민을 비롯해 기분 좋게 해주는 다른 호르몬으로 푹 절여지고 일시적으로 정신이 나간다.

축하한다. 당신은 사랑에 빠졌다. 하지만 이런 사랑의 롤러코스터에 올라탄 것이 처음은 아닐 것이다. 당신은 지금껏 사랑에 데이고, 망가지고, 상처받았다. 사랑은 그런 것들에 대해 신경도 쓰지 않는다. 당신은 인류 역사상 한 번도 운행을 멈춘 적이 없는 롤러코스터 좌석에 묶인 상태다. 미치기 일보 직전이다. 비유가 아니라 진짜로.

고대 철학자 플라톤은 사랑을 '심각한 정신병'이라 정의했다. 스페인 시인 페드로 칼데론 데 라 바르카Pedro Calderon de la Barca는 "사랑에 광기가 없다면, 그것은 사랑이 아니다"라고 했다. 마돈나는 "누군가를 이렇게 원한 적이 없었어. 완전… 난 당신한테 미쳤어"라고 노래했다.

사실이다. 사랑은 우리를 미치게 만든다. 그리고 솔직히 말하면 연애가 주는 혼란은 정말 괴롭다. 다 큰 어른을 화장실 바닥에 엎드려 눈물 콧물 범벅이 될 때까지 흐느껴 울게 만드는 게 사랑 말고 또 있을까? (내담자한테 허락받고 공개하는 것임.)

알겠지만, 당신도 그런 적이 있었을 것이다. 그리고 언젠가 이렇게 물어볼 것이다. "내가 잘못한 걸까?" 그러면 당신 내면의 '왕엄마'는 이렇게 말해 줄 것이다.

"네 잘못이 아니야. 그게 사랑이지. 때로 괴로운 일이 생기지만 누구 잘못도 아니야."

하지만 당신이 #나쁜조언에 귀 기울인다면 내면의 '왕엄마'가 하는 말이 들리지 않을 것이다. '나를 먼저 사랑해야 남도 사랑할 수 있다'고 하는 #나쁜조언에게 누구 잘못인지 물어보라. 그러면 이렇게 대답해 줄 것이다. "그건 네 잘못이야. 네가 잘못된 상대를 사랑했어" 혹은 "사랑하는 법을 모른 네 잘못이지. 자신을 사랑하지 않은 탓이야. 나를 먼저 사랑해야 남도 사랑할 수 있어"라고.

사랑은 허가받은 미치광이 제작자이자 악명 높은 하트 브레이커이며, 때로 천지를 뒤흔드는 지진술사가 된다. 하지만 기억을 지우는 지우개는 아니다. 새로운 사랑이 찾아와 도파민에 푹 절여져 있을 때조차, 당신은 사랑이 떠난 뒤 화장실 바닥에서 울고 있었던 순간을 잊지 않는다. 당신은 두렵다. 환상적인 상태로 프렌치키스를 하고 섹스하고 싶은 순간조차, 투쟁Fight, 도피Flight, 경직Freeze 상태가 되어 버린다. #나쁜조언이 당신의 두려움을 거두어줄 거라 기대하지 마라. 그런 부탁은 '왕엄마'에게 해라.

용기 없이
사랑은 없다

화요일 오후 2시 32분, 당신은 미친 듯이 걱정하고 있다. 연인과 마지막으로 문자를 주고받은 지 벌써 26분이나 지났기 때문이다. 아니면 만난 지 이틀씩이나 지났기 때문이거나. 당신은 문자메시지를 보내는가? 아님 전화를 거는가?

'나는 나 자신을 먼저 사랑하고 있지 않아. 그게 벌써부터 내가 일을 망치는 이유야. 언제나처럼.'

어쩌면 운동을 더 열심히 하고, 명상이나 자신을 사랑하기 위해 필요한 다른 일을 할 수도 있다. 그리고 내심, 전화기를 멀리둔 채 바쁘게 보내면 문자나 전화가 온다는 미신을 믿고 있을지 모른다. 어떤 상황에서도 절박하거나 약해 보여선 안 되기 때문이다. 그렇지 않으면 사랑하는 사람이 당신이 자기에게 말을 걸고 싶어 한다고 생각할 수도 있으니까. (어이쿠!)

자신을 먼저 사랑하려는 다양한 헛된 시도들 뒤에는 두려움, 그것도 거절의 두려움이 깔려 있다. 당신이 가까워지고 싶은 바로 그 사람에게 거절당하는 것에 대한 두려움이다. 거절의 위험을 피하는 동시에 가까이 다가가기란 불가능하다. 이런 이유로 우리의 바보 같은 '사랑 게임'은 멋진 데이트 후에 전화 걸고 싶은 마음 참기, 상대방이 내 마음을 읽어 주길 기대하기, 혹은 당신이 진짜 느끼는 감정 감추기 등으로 나타난다.

이것이 틴더Tinder나 그라인더Grinder 같은 데이트 앱이 즉각적인 만족을 주는 시대에 사랑에 대해 우리가 하는 오해이다. 모두가 잠재적인 거절을 피하려는 노력의 징후이지만, 당신은 이로써 잠재적인 연결 가능성까지 피하고 있다. 둘 중 하나만 택하는 것은 불가능하다. 사랑의 기쁨과 불가분의 관계인 고통의 가능성에 대처하려고 노력하는 가운데, 우리는 더 신경 쓰는 사람이 지는 거라며 자신을 속여 왔다. 그러나 내가 말하려는 것은 더 신경 쓰는 사람이 더 많이 얻는다는 사실이다.

그러면 사랑과 두려움의 교차 지점을 통과하기 위해 어떻게 자신을 왕엄마처럼 돌볼 수 있을까? 가만히 '그린 라이트'를 쳐다보고 선 채로, 저게 '진짜' 초록색일까 궁금해하지 말고, 닥치고 그냥 가라. 당신은 잊었을지 몰라도, 내면의 '왕엄마'는 그런 헛소리 때문에 낭비하기에는 인생이 너무 귀하다는 걸 기억하고 있다. 그리고 그런 사랑 게임에서 나오는 말은 '언제나' 헛소리다.

먼저 문자하고, 먼저 전화해라. 답장이 올 때까지 억지로 기다리지 마라. 표현하고 싶은 감정이 있으면 그 순간 표현하고, 먼저 "사랑한다"고 말해라. 당신이 플레이하지 않겠다고 결정하는 순간, 게임은 끝난다. 게임이 없으면 정해진 룰도 없다. 스스로 나와 사랑에 대해서 그어 놓았던 한계들이 마침내 허상으로 드러나고 결국 사라지게 된다.

가장 먼저 사라지는 것은 '나를 먼저 사랑해야 남도 사랑할 수 있다'는 말이다. 자신이 느끼는 사랑이 진짜라는 것을 알고 있기 때문이다. 그것은 너무나도 현실적이어서, 존재의 깊은 곳까지 가 닿으며 신체적으로도 활성화된다. "용기 있게 사랑하라"라는 내면의 '왕엄마'가 하는 말에 귀 기울여라.

부모는 아이들이 다치지 않기를 바라는 마음으로 길 건널 때 조심하라고 하고, 더 커서는 사랑에 배신당하지 않도록 조심하라고 말한다. 많은 사람이 이 두 가지 가르침에 젖어 있기 때문에, "사랑을 붙잡아. 되돌아오는 것이 없더라도 네가 사랑이라고 느끼면 사랑이야"라고 말하는 '왕엄마'식 조언이 맞지 않는다고 느낄 수 있다. 하지만 되갚음은 사랑이 아니라 수용이다. 받아들여진다는 느낌은 사랑의 한 부분일 뿐 사랑 자체는 아니다.

찰리 코프먼Charlie Kaufman*의 영화 〈어댑테이션〉에서 도널드가 "나는 사라를 사랑했어, 찰스. 그 사랑은 내 것이었어. 나는 그것을 소유했었지. 사라조차 내게서 그것을 빼앗을 권리는 없었어. 나는 내가 원한다면 누구도 사랑할 수 있어. … 너를 사랑하는 존재가 아닌, 네가 사랑하는 존재가 너야"라고 말했던 것처럼 말이다. 가슴속에 간직한 사랑은 유일무이한 당신만의 것이다. 사랑을 붙잡고 깊이 빠져라.

그런데 문제는 위험을 감수하지 않으면 멋진 일이 일어나지 않는다는 데 있다. 다른 사람과의 관계에서 스스로 상처받기 쉬운

---

* 우리에게는 영화 〈이터널 선샤인〉으로 잘 알려진 미국의 각본가이다. 저자가 언급한 영화 〈어댑테이션〉은 수전 올린Susan Orlean의 논픽션 소설 《난초 도둑The Orchid Thief》을 코프먼이 각색한 작품이다.

상태가 되는 것을 허용할 때만 사랑은 잘 자란다. 그런데 이러한 취약성을 지탱할 만큼 관계가 충분히 무르익으려면 시간이 걸린다. 그래서 당신의 뇌에서는 옥시토신이라는 물질이 분비된다.

취약성을 지탱할 수 있을 때까지 기다릴 시간이 어디 있는가? 그래서 화학적으로 더 대단한 물질이 생기는 것이다. 즐거움이나 웃음, 친밀감을 유발하는 경험을 나눌 때, '사랑 호르몬'이라고 불리는 옥시토신이 분비된다. 정서적으로 교감할 뿐 아니라 '화학적'으로도 상대와 소통한다고 느끼게 된다. 하지만 그러한 관계가 진짜 신뢰로 이어질 만큼 단단해지는 데는 시간이 필요하다. 그렇지 않으면 과부하가 걸리거나 관계가 끝나게 된다.

나를 먼저 사랑하려고 시도한다면, 자신이 상처받기 쉬운 취약한 상태로 있는 것을 허용하지 않을 것이다. #나쁜조언은 당신을 그 반대 상태로 만들겠지만, 왕엄마처럼 자신을 돌본다면 어떻게, 언제 자신을 상처받기 쉬운 취약한 상태로 만들지 아는 자신감과 명확성을 가지게 될 것이다. 취약성을 드러낸다는 것이 첫 데이트에서 "오늘 정말 즐거웠어요. 다시 만나고 싶네요"라고 말하는 것처럼 간단하다는 것을 당신은 이해하게 될 것이다.

당신은 상대가 자신과 같은 반응을 보이지 않을 수도 있는 상황에서 진짜 감정을 보여 주고, 모르는 이에게 문을 열어 준다. 데이트 상대가 무감동한 표정으로 "글쎄요"라고 할 수도 있지만 "저도요!"라고 할 수도 있다. 취약성은 관계에서의 근육기억muscle memory과 같다. 당신이 반복해서 그것을 유지하려고 노력하다 보면, 선禪 철학에서 '무리하지 않는 노력'이라 묘사하는 상태에 도달할 수 있게 된다.

과도한 노출과
취약성을 드러내는 것은 다르다

소개팅 또는 누군가를 처음 만난 자리에서 엄청 사적인 이야기를 꺼낸 적이 있는가? 분위기가 어색해져 끔찍한 저녁 식사가 되었을 것이다. 그것이 바로 '과도한 노출'이다. 많은 경우, 과도한 노출은 어떻게든 수치심을 극복하려는 시도가 실패한 결과다.

자신이 수치심을 느끼는 무언가를 누군가 알아차리는 것이 두려운 경우, 과도한 노출이 그 두려움을 누르고 이겨 내는 방법처럼 보일 수 있다. 관계 유지에 자신감이 없기 때문에 과도한 노출을 하는 것이다. 하지만 과도한 노출은 서로를 더 가깝게 해주는 대신, 사람들을 멀어지게 만든다. 그것은 자신이 취약한 상태가 되는 것을 피하려고 상대방에게 부담스러운 원맨쇼를 보도록 강요하는 꼴이다.

그렇다면 당신이 과도한 노출에 근접한 순간을 어떻게 알 수 있을까? '왕엄마'에게 확인하라.

"내가 이 사람을 믿고 이런 얘기를 해도 될까?"

그러면 그녀는 질문에 질문으로 답하는 고전적인 방식으로 현명한 조언을 해줄 것이다.

"그 사람이 그 정도의 신뢰를 얻을 만한 노력을 해왔니? 너의 취약한 모습을 보여 주고, 사적인 얘기를 들려줘도 될 만큼 시간을 보냈니?"

그러한 신뢰는 서로 함께 쌓아 가는 것이며, 시기와 정도에 따라 점진적으로 진행된다. 취약성을 드러내는 일은 누군가에게 자신의 비밀을 던지는 것이 아니라 신중한 방식으로 그가 나의 비밀을 아는 것을 허락하는 것이며, 그것은 시간의 흐름에 따라 자연스럽게 이루어진다. 어떨 때는 그저 입을 다무는 게 '자신을 왕엄마처럼 돌보는 일'이 될 수도 있다.

'비판'호를 타고 크루즈 여행을 하고 싶은 사람은 없다: 배를 항구로 돌려라

사랑하는 사람이 당신을 믿고 뭔가를 털어놓는다면, 공감과 연민을 가지고 반응하면서 그가 당신에게 소중한 사람이라는 메시지를 전하라.

사랑받고 있다는 느낌을 받게 해주고 싶다면 '나를 먼저 사랑하려고' 해서는 안 된다. 그러니 누군가의 현실이 당신의 가치를 따르지 않는다고 해서 비판하지 마라. 가혹한 비난은 당신의 파트너가 틀렸다고 증명하는 행위인 동시에 당신을 무신경한 꼰대처럼 보이게 만든다. 비판받으면서 사랑받는다고 느끼는 사람은 아무도 없다. '자신을 왕엄마처럼 돌보는 일'은 자기 집 앞이 조금만 더러워져도 이웃에 잔소리를 해대는 밉상 짓과는 다르다.

하지만 비판적인 사람이 될까 두려워 좋은 판단력을 포기할 필요는 없다. 자신을 '왕엄마처럼' 돌보게 되면, 그 둘을 헷갈리지 않게 된다. 상대방이 취했을 때 자동차 키를 맡아 두는 것은 그 사람을 비판하는 게 아니다. 좋은 판단력을 발휘하는 것이다. (어쩌면 생명을 구하는 일도 될 것이다.) 비판적인 태도는 자신이 상대방과 같은 실수를 하지 않았다고 해서 내가 더 나은 사람이라고 생각하는 데서 나온다.

사랑: 연약하지만 파괴할 수 없는 인간의 변치 않는 조건

'나를 먼저 사랑해야 남도 사랑할 수 있다'는 조언은 '나를 먼저 먹어야 다른 것도 먹을 수 있다'라고 말하는 것만큼이나 말이 안 되는 소리다. 사랑하기와 먹기 모두 본능적이고 생물학적인 기능이기 때문에, 당신은 태어나면서부터 그 방법을 안다. 그러나 이 #나쁜조언은 고통을 감내하지 않고도 사랑할 수 있다고 약속하며 당신을 강하게 유혹한다.

하지만 이 엉성한 논리는 등 뒤에서 당신에게 칼을 꽂을 것이다. 이 #나쁜조언을 따른다면, 무너진 마음은 당신 탓이 된다. 사랑하는 법을 몰라서 잘못된 사람을 고른 것이고, '나를 먼저 사랑하는 법을 배우지 못했기 때문에' 다른 사람을 사랑하는 법을 몰랐던 것이 되기 때문이다. 당신의 일부인 내면의 '왕엄마'는 이 #나쁜조언이 헛소리라는 사실을 즉각 감지할 것이다. 나는 포스 넘치는 '왕엄마'에게 이 장의 마무리를 맡기려 한다.

"누군가를 사랑할 수 있을까 의심하는 대신, 어떻게 사랑할지 생각하렴. 어떻게 사랑할 거니? 두려움에 떨면서 사랑할 거니, 용기 있게 사랑할 거니? 상처받기 쉬운 약한 나를 보여 주면서 사랑할 거니, 수치심 속에서 사랑할 거니? 의심하며 사랑할 거니, 자신감을 가지고 사랑할 거니? 자신을 먼저 사랑하려고 노력할 거니? 그건 말도 안 돼. 이제 이 왕엄마의 말에 귀 기울이고 자신을 제대로 돌보렴."

 자신을 왕엄마처럼 돌보는 법을 알 때
다른 사람을 현명하게 사랑할 수 있을 것이다

#좋은조언

3

기대하면
실망하게 된다

'기대하면 실망하게 된다'라니, 정말 기운 쭉 빠지는 소리 아닌가? 왜 어정쩡하게 기대심만 가지고 그러지? "잠을 자면 악몽을 꾼다"라거나 "데이트하면 결국 차인다", "강아지는 키워 봤자 어차피 늙어 죽는다"라고 하지? '기대하면 실망하게 된다'는 말은 #나쁜조언이다. 무엇보다 자기 모순적이기 때문이다. 기대가 이루어질 수 없을 것이라는 믿음 역시 그 자체로 기대이며, 비관주의자의 허무한 외침일 뿐이다.

'기대하면 실망하게 된다'라는 조언은 '인생은 고해苦海이고 당신은 결국 죽는다'라는 말처럼 아무 도움도 되지 않는다. 그러니 그럴듯한 뻥을 #참된가르침이라도 되는 양 포장할 생각은 하지 마라. 삶의 모든 만족을 포기하는 것이 인생의 숨은 진리라도 되는 양 비겁하게 자신의 감정을 부인하는 것이나 다름없다. 기대와 실망은 감정이다. 감정은 피할 수 없다. 그래서 '기대하면 실망하게 된다'는 말을 #구라인증 #헛소리 #나쁜조언이라고 하는 거다.

우리는 이러한 #나쁜조언을 수 세기 동안 따라왔다. 시인 알렉산더 포프Alexander Pope는 "어떤 것도 기대하지 않는 자, 절대 실망하지 않으리니"라고 썼으며, 셰익스피어는 희곡 《끝이 좋으면 다 좋아All is Well That Ends well》의 대사를 통해 "기대는 자주 빗나가며, 무엇보다 가장 기대했던 일이 그렇습니다"라고 했다.

시인 실비아 플라스Sylvia Plath도 자전적 소설 《벨자The Bell Jar》에서 "누군가에게 기대하지 않으면 절대 실망하지 않을 것이다"라고 썼다. 소설가이자 철학자였던 아인 랜드Ayn Rand는 자유가 "묻지 않는 것, 기대하지 않는 것, 의존하지 않는 것"이라고 했다 (아인이 '자유freedom'를 '감옥prison'으로 착각한 게 아닌가 싶지만). 아, 그리고 바로 지난주 트위터에 "기대하면 실망하게 된다"라고 올린 불평쟁이도 잊지 마라.

이렇듯 우리가 자신을 쭉 속여 오는 동안 #나쁜조언은 어느새 확고부동한 진리로 자리 잡았다. 그래도 이 #나쁜조언이 귀에 착 감기는 이유를 살펴보면, 사람들이 간절히 바라는 바가 무엇인지를 알 수 있다. 누군들 자기 감정을 자유자재로 조절할 수 있는 만능 스위치를 갖고 싶지 않겠는가? 실망에서 벗어날 기회가 있는데, 그걸 안 잡을 사람이 어디 있겠는가? 젠장, 때론 '나'도 그게 가능했으면 하고 바란다. 실망은 고통스러우니까. 그러나 이 #나쁜조언을 따르는 것은 식중독을 피하겠다고 음식을 먹지 않는 격이다.

만약 당신이 실망 없이 살아가길 바란다면, 그런 기대야말로 결코 충족되지 않을 것이다. 인간은 실망하지 않고서는 살 수 없고, 이는 생존에 있어 필수 불가결한 기대와 직결된 문제이기 때문이다.

기대하지 않기를 바라는 것이야말로
비현실적 기대이다

우리가 제대로 기능하기 위해서는 기대가 필요하다. 기대는 인간 사회를 구성하는 기본 요소이다. 우리는 파일럿이 비행기를 잘 조정할 거라 생각하지 얼빠진 표정으로 조종석에 앉아 있는 모습을 상상하지는 않는다. 샐러드에서 바퀴벌레가 나온다고는 생각도 하지 못하고, 수술 후에는 상처가 아물 거라고 예상한다. 이런 기대들이 충족되지 않는 상황에서 '기대하면 실망하게 된다'는 말을 지껄이는 인간은 바보다.

잠시 눈을 넓혀 보자. 세계는 인류의 집단적 기대로 연결되어 있으며, 그 기대를 동력으로 돌아간다. 세계 시장과 같은 경제 분야에서는 예상이 '빗나가기'를 바라는 기대도 함께 존재한다. 국가 간에는 평화 조약을 통해 서로 뒤통수치지 않을 거란 기대를 드러낸다. 우리는 모두 내일도 태양이 떠오르길 기대하며 잠자리에 든다. 이런 기대들은 합리적일 뿐만 아니라, 인류 문명이 지속하는 데 '필수적'인 역할을 한다.

'당신' 개인의 기대는 생존에 반드시 필요하다. 그렇다, 그만큼이나 중요하다. 당신이 가진 고유한 특성이나 사적인 기대에 대해서는 잘 몰라도, 나는 당신의 기대가 조절 불가능하거나 부당한 것이 아니라는 것만은 확실히 말할 수 있다. 어떻게 아느냐고? 개인적 특성을 걸러 내고 나면 '인류 보편'의 기대를 발견하게 되기 때문이다.

당신은 사랑받길 바란다. 당신 말에 귀 기울여 주길 바란다. 중요한 존재로 받아들여지길 바란다. 이런 바람들은 '실망을 무릅쓸 가치'가 있다. '기대하면 실망하게 된다'라는 말은 개인적 차원부터 인류의 차원에 걸쳐 존재하는 모든 기대의 가치를 부정한다. '기대하면 실망하게 된다'는 조언은 그저 #나쁜조언이 아니다. #구라인증 #헛소리라고 표현하는 것도 부족하다. 그것은 #반인류적이다.

기대는 성취로 이끄는 유혹이다

당신의 기대는 중요하다. 너무 중요해서 진화 과정에서 생화학적 보험까지 들어 두었을 정도니까. 당신이 기대할 때, 뇌에서는 소량의 도파민이 분비된다. 맞다. 우리가 사랑에 빠질 때 뇌를 흠

뻑 적시는 그 도파민 말이다. 기대가 충족되면 뇌에서는 좀 더 많은 양의 도파민이 분비된다. 기대한 것보다 더 좋은 결과를 얻는다면, 뇌는 당신을 더욱 후하게 대접할 것이다. 복권에 당첨된 날 멋진 이성에게 데이트 신청까지 받은 것처럼 말이다. 그런데 그거 아는가? 예상보다 그저 길을 좀 더 빨리 건넌 것만으로도 뇌는 당신에게 달콤함을 선사한다.

먹는 것, 고통의 회피, 섹스, 기대. 모두 본능이다
그리고 이 모두가 우리에게 쾌감을 준다

진화의 논리는 단순하다. 기대가 우리를 기분 좋게 해주는 이유는 그것이 인간의 생존에 꼭 필요하기 때문이다. 어떤 행동을 할 때 쾌감을 주어서 그 행동을 확실히 지속하도록 하는 것이 진화의 방식이다. 그 덕분에 인간은 생존에 있어 유리한 위치를 차지할 수 있었다. 그것이 바로 당신이 원하거나 필요한 것을 얻게 될 거라고 기대할 때 기분이 좋아지는 이유다.

그러나 단지 기분이 좋아진다는 것만으로 진화가 일어나지는 않는다(여성의 음핵 정도가 예외겠지만). 진화에는 보통 실용적인 이유가 따른다. 그러니 선사 시대 사람들에게 '기대하면 실망하게 된다'고 말했다가는 동굴 밖으로 쫓겨날 것이 분명하다.

나는 이 문제와 관련해서 하버드 대학교의 저명한 심리학자이자 기대연구 전문가인 로버트 로젠탈Robert Rosenthal 박사와 대화를 나누었는데, 그는 이렇게 말했다.

"친구들과 함께 세렝게티 초원에 있다가 친구 중 한 명이 호랑이나 사자에게 잡아먹힌다면, 당신은 호랑이와 사자를 식인이라는 '부정적 기대'와 연결 짓게 됩니다. 즉, 사람을 잡아먹는 존재를 아는 것이 생존에 무척 유리하다는 말이죠."

기대는 당신이 호랑이 똥이 되지 않도록 해준다.

당신의 몸과 마음, 세계는
기대의 흐름에 따라 움직인다

기대의 힘은 강력하다. 뇌의 화학 작용에만 그치지 않고 현실에도 영향을 미친다. 한 실험에서 연구자는 피험자들에게 와인을 한 잔 주고, 그들이 마시는 것이 실제보다 훨씬 고급 와인이라는 기대를 심어 주었다. 이러한 기대감으로 인해 피험자들은 '왕의 와인'이라는 샤토 라피트 로칠드를 마시는 것처럼 뇌의 보상중추가 활성화되었다.

기대는 술의 가성비를 높이는 수준 이상의 역할을 한다. 파킨슨병 연구의 선구자인 알베르토 에스페이Alberto Espay 박사에 의하면, 고가의 약을 먹고 있다는 믿음이 환자들의 증상을 호전시켰다고 한다. 실제로 그들에게 투약한 기적의 약이 무엇이었는지 아는가? 식염수, 그러니까 소금물이었다.

위약 효과placebo effect에 대해서는 이미 들어보았을 것이다. 그렇다면 그것이 가능한 심리적 기제가 무엇인지 아는가? 바로 기대다. 에스페이 박사의 환자들은 그가 준 식염수가 가져올 효과를 기대했던 것이다. 위약은 당신을 속여 기대를 충족시킨다.

나는 에스페이 박사와 그의 연구에 대해 대화를 나눌 기회가 있었는데, 기대에 관한 그의 이야기는 나를 정말 놀라게 했다. 에스페이 박사는 의사가 환자를 호전시키기 위해 기대를 처방하는 것이 가능한지에 대하여 궁금증을 품고 있었다. 그는 이렇게 물었다.

"만약 우리가 환자들에게 이렇게 약속할 수 있다면 어떨까요? '여기 약이 있습니다. 당신의 모든 정보를 총동원해 제조했습니다. 당신은 분명히 이 약에 반응할 거예요. 게다가 아주 효과가 좋을 겁니다'라고 말입니다."

에스페이 박사만 이러한 주장을 하는 것이 아니다. 계속된 연구와 임상실험을 통해 위약 효과와 그 작동 기제인 기대의 힘이 밝혀지고 있다.

그렇다고 즐거운 생각이 한센병을 낫게 한다는 말을 하려는 건 아니다. 기대가 가진 힘을 과소평가하는 것은, 슈퍼맨이 나는 법을 가르치는 코치가 되겠다고 하는 것이나 마찬가지다.

영국의 만화가 앨런 무어Alan Moore는 "궁극의 마법은 무에서 유를 창조하는 것이다"라고 말했다. 당신의 기대는 과학, 마법,

꿈, 현실이 교차하는 바로 그 지점에 현존할 수 있다. 기대는 미래에 대한 당신의 바람 그 이상의 역할을 한다. 그것은 실제로 당신의 미래를 만든다. 저널리스트이자 작가인 캐스린 슐츠Kathryn Schulz의 표현을 빌리자면 "당신의 정신이 만들어 내는 기적은 세계를 있는 그대로를 보기 때문이 아니라 있는 그대로 보지 않기 때문에 가능하다".

그런데 기대의 힘이 이렇게 대단하다면, 왜 나쁜 조언을 하는 사람들은 미리 초를 치는 걸까? 그것은 기대가 늘 충족되는 것은 아니기 때문이다. 기대가 충족되지 않을 경우 당신의 뇌는 도파민의 추가 분비가 이루어지지 않는 데 그치지 않는다. 도파민 수치가 뚝 떨어진다.

도파민 수치의 급감은 감정의 급저하와 같다. 그 느낌은 정말 싫다. 때론 싫다 못해 고통스럽기까지 하다. 너무 고통스러워 다시는 그런 실망을 느끼지 않기 위해 기대 따위 절대 가지지 않겠다고 다짐한다. 그러나 그 다짐은 결코 지킬 수 없을뿐더러 충족되지 않을 기대다.

여기서 반드시 알아야 할 점이 있다. 실망도 기대처럼 비자발적인 생물학적 기제라는 것이다. 비록 고통스럽고 끔찍하지만 그것이 존재하는 목적이 있다. 때로는 기대가 좌절된 후에야 기대가 있었다는 사실을 깨닫기 때문이다. 그때의 실망감은 단순히 기대가 충족되지 않았다는 신호가 아니다. 당신이 필요한 것을 얻지 못했다는 경고이다.

실망의 고통은
욕구가 충족되지 않았다는 신호다

감정은 당신에 대한 정보를 전달하는 메신저로, 실망 역시 예외가 아니다. '기대하면 실망하게 된다'는 #나쁜조언은 '지금 하는 행동으로는 필요한 것을 얻을 수 없으니, 다른 방법을 찾아라'라는 중요한 메시지가 전달되는 것을 막는다.

실망은 행동주의 심리학자 B. F. 스키너B. F. Skinner가 말한 '부적 강화negative reinforcement'의 예다. 부적 강화를 처벌과 같다고 혼동하는 경우가 많지만, 꼭 그런 것은 아니다. 부적 강화는 특정 행동을 통해 불쾌한 뭔가를 피할 수 있음을 인지할 때 이루어진다. 숙취 때문에 헛구역질하는 불쾌한 경험을 피하려고 주중에는 늦게까지 과음을 하지 않겠다고 결심하는 것이 그 예다.

자기도 모르게 생겨나는 실망감은 좌절된 기대를 확실하게 부정적인 경험으로 만든다. 실망이란 욕구를 충족하고 싶으면 정신 차리라고 엉덩이를 한 대 걷어차 주는 진화 방식이다. 좌절된 기대는 충족되지 않은 욕구와 같기 때문이다. 좌절된 기대를 충족시킬 방법을 찾으면 실망감이 사라진다. 실망은 예상치 못한 욕구에 직면했을 때 살펴야 할 감정 단서이다.

#나쁜조언을 따르는 것은 예상치 못한 상황에서 자신의 욕구를 충족시키고자 적응해 가는 인간의 슈퍼파워를 무시하는 것과 같다. 이는 가장 기본적인 생리 욕구부터 안전 욕구, 애정 욕구,

의미 추구와 실현, 기쁨에 이르기까지 모든 것을 포함한다. 기대와 실망 모두 당신의 '위대한 잠재 자아Greatest Potential Self'와 직접적으로 연결되어 있다. 공교롭게도 의미까지 GPS와 얼추 맞아떨어지는 측면이 있어서 #좋은조언으로 낙점되었다.

기대는 당신의 GPS, 위대한 잠재 자아로 이끈다
#좋은조언

당신이 현대 기술문명을 거부하는 아미시Amish 신자가 아닌 이상 어딘가로 이동할 때는 GPS를 사용할 것이다. (아미시 신자가 이 책을 읽고 있다면, 계속 신앙생활을 이어갈지 고민해야 할 것이다. 당신에게 딱 맞는 선택을 하길 바라며 행운을 빈다!) 모든 기대는 당신이 처하길 바라는 상황이 아닌, 당신이 느끼길 바라는 감정으로 곧장 향한다. '기대하면 실망하게 된다'고 하는 #나쁜조언은 당신의 기대가 내적 욕구의 충족이 아닌 오로지 눈에 보이는 결과나 상황에 연결된 것으로 믿도록 유도한다.

예를 들어보자. 당신은 베니하나 레스토랑에서 열리는 절친의 생일 파티에 참석하고 싶다는 바람을 가질 수 있다. 이러한 바람은 베니하나에 가고 싶어 안달 난 마음이 아닌, 그 친구를 생각하고 아끼는 마음에서 나온 것이다. 그러한 마음에서 비롯된 욕구는 반드시 충족되어야 한다. 사랑받고 존중받으며 중요한 사람이라는 것을 느낄 자격이 있기 때문이다.

이는 '인간의 기본적 욕구'로 당신은 그 모두를 누릴 자격이 있다. 이러한 욕구들을 충족함으로써 당신은 지치지 않고 인생이라는 항해를 계속할 수 있게 된다. 그리고 자기만족과 성취 과정에서 나와 연결된 사람들도 인간의 기본적 욕구를 충족할 수 있도록 돕는다. 베니하나 레스토랑에서 열리는 친구의 파티에 참석함으로써 그가 사랑받고 있으며 당신에게 필요한 존재라고 느끼게 해주는 것처럼 말이다.

그것이 바로 당신의 GPS, 위대한 잠재 자아Greatest Potential Self 이다. 기대가 충족되지 않으면 GPS는 실망감을 통해 알려 준다. 기대와 실망 '모두' 당신을 내면의 GPS로 향하게 한다. 한마디로 당신의 위대한 잠재 자아는 당신 안에 장착된 생존 가이드인 셈이다. 그러니 당신의 GPS가 말해 주는 것에 반대하는 사람을 조심하라.

자신에 대한 기대에 익숙한지 여부와 상관없이, 나는 당신이 가슴 깊은 곳에서 우러나는 기대의 음성을 들을 수 있을 거라고 확신한다. 기대의 음성은 당신 차의 GPS에서 "우회전하십시오"라고 하는 차분한 여성의 목소리처럼 안정적이며 이성적이다.

내가 기대의 음성을 GPS 안내 여성의 목소리에 비유한 이유가 뭘까? 그것은 내 안의 GPS가 차에 있는 GPS와 다르지 않기 때문이다. 두 GPS 모두 당신의 현재 위치, 목적지, 목적지로 향하는 다양한 경로를 동시에 계속 파악한다. 기대와 실망은 욕구를 이해하고 그것을 어떻게 충족시킬지 알려 주는 대체 불가능한 지침이다. 두 가지 다 당신이 어디에 있고 어디로 향하길 바라는지 알려 준다. 위대한 잠재 자아인 GPS는 당신이 목적지를 설정할 수 있도록 돕는 기대와 실망에 의존한다.

실망을 두려워할 필요 없다. 그럼 이제 GPS를 켠 것처럼, 안내를 시작합니다!

두려워하지 말고
자신에게 원하는 것을 물어보라

가고 싶은 곳이 어딘지 모른다면 GPS를 제대로 활용할 수 없을 것이다. 만약 위대한 잠재 자아가 안내하고 있는 욕구와 감정이 무엇인지 모르겠다면, 당신의 기대를 탐색하라. 기대는 당신이 추구하는 인생의 방향에 대해 단서를 줄 것이다.

기대를 탐색하는 일은 기대와 붙어 있는 욕구와 감정을 알아차리게 해준다. 이것은 자신에게 바라는 것이 무엇인지 '의식'하게 해준다. 기대에 연결된 충족되지 못한 욕구를 알아챌 때, 당신은 욕구를 채울 수 있는 잠재적 방법을 생각해 볼 수 있을 것이다.

예를 들어보자. 당신은 먹고살기 위해 하는 일이 자신을 정의한다는 생각에 사로잡힌 적이 있는가? 마치 삶의 유일한 의미이자 목적이 직업적 성공인 것처럼 말이다. 하지만 당신의 직업이 무엇이든 직업적 성공만으로 인생의 의미, 성취, 목표에 대한 욕구를 채울 수는 없다. 그것이 바로 당신의 기대가 실망으로 끝나는 이유이다. 그래서 직장에서 승진했을 때 분명 기뻤지만, 그 기쁨이 3일 정도밖에 안 갔던 것일지도 모른다.

그리고 충족되지 않은 욕구 때문에 생긴, 자신을 갉아먹는 공허한 감정은 실망과 함께 다시 스멀스멀 올라온다. 실망감을 느끼는 이유는 성취를 위해 열심히 매달렸던 그 일이 당신을 만족시키는 데 실패했기 때문이다. 당신이 승진하지 못했다고 해도 이 예는 여전히 유효한데, 그것은 기대의 다른 측면에서 여전히 실망감을 느끼고 있기 때문이다.

이것이 바로 '실망에 질문을 던져야' 하는 이유다. 실망과 관련한 모든 것을 탐색함으로써 당신은 좌절된 기대의 뿌리에 충족되지 못한 욕구가 있다는 것을 알게 된다. 충족되지 못한 욕구가 무엇인지 알면, 그것을 충족시킬 다른 방법을 찾게 된다. 실망감이 느껴질 때 질문하지 않는다면 당신은 그 뿌리에 존재하는 충족되지 않은 욕구를 채우는 방법을 찾기가 더 어려워질 것이다.

나는 이걸 배우기 위해 두 개의 석사학위와 한 개의 박사학위를 땄다. 졸업장을 우편으로 받아(나는 졸업식에 가지 않는다. 내 이름 하나 호명되는 걸 듣자고 뭐하러 아끼는 사람들을 3시간 동안 앉아 있게 만드는가?) 그것을 쳐다보며 생각했다. '이제 충분한가?' 하지만 대답은 언제나 '아니오'였다. 나는 한 장의 종이에서 확인과 인정을 구하고 있었다.

정말 중요한 것은 인생을 살면서 세상과 사람들과 관계 맺고 소통하는 방식이라는 사실을 내가 깨닫기까지는 그로부터 몇 년이 더 걸렸다. 직업적 성공과 성취가 당신을 완전히 채워 주리라 생각하는 것은 비현실적 기대이다. 빈 냉장고의 문을 닫았다가 열고는 갑자기 냉장고에 음식이 생기길 바라는 게 차라리 더 현실적이다.

그러니까 인생에서 기대하고 원하는 모든 것에 대해 호기심을 가지고 자신에게 물어보라. '내가 원하는 게 뭐지? 나한테 필요한 게 뭐지? 스스로 기대하는 게 뭐지? 내가 다른 사람에게 기대하는 게 뭐지? 내가 인생에서 얻고 싶은 게 뭐지?'

그러고 나서 더 깊이 들어가라. '내 기대가 충족됐을 때 어떤 기분이 들기를 바라지?' 당신이 느끼고 싶은 감정은 기대가 가지는 욕구를 가리킨다. 그러니 앞에서 한 질문들에 대한 답에 도달했다면 스스로 이렇게 물으며 검증하라. '나의 기대가 현실적이고 합리적인가?' 만약 '아니오'라는 대답이 나온다면, 당신은 그 기대를 조정할 필요가 있다. 하지만 그것이 비현실적인지 아닌지는 어떻게 알까?

인생에 절대적인 것은 절대 없다

비현실적 기대는 거의 언제나 절대적이기 때문에 쉽게 알아볼 수 있다. 절대적 기대에는 '절대로'나 '항상' 같은 말이 붙는다. '난 항상 행복해야 해. 나는 절대로 하고 싶은 대로 하지 않을 거야. 나는 항상 옳아. 내 파트너는 항상… 우리 엄마는 항상…' 이런 식으로 말이다. 절대적 기대는 현실성과 인간적 오류를 허용하지 않는다. 융통성 없는 기대도 감정적 욕구를 나타낼 수는 있지만, 오직 한 가지 방법으로만 원하는 감정을 충족시킬 수 있다는 그릇된 믿음을 반영한다.

당신의 위대한 잠재 자아는 위대하지만 결점도 있고 엉망인 부분도 있다. 당신이나 누군가가 상황을 망치면 기대는 좌절되고 실망을 느끼게 될 것이다. 융통성이 없는 기대일수록, 실망의 고통은 더욱 크다. 절대적 기대는 실망의 순간에 세상의 끝, 막다른 골목에 놓인 듯한 기분을 느끼게 한다. 당신의 위대한 잠재 자아는 실망을 돌아가야 하는 장애물로 인지한다. 당신 차의 GPS도 이 사실을 알고 있다. 그래서 자신감 있는 목소리로, "경로를 재탐색합니다"라고 하는 것이다.

당신의 위대한 잠재 자아는 가장 취약한 자아이다

당신의 위대한 잠재 자아는 타인에 대한 나의 기대와 나에 대한 타인의 기대 모두를 가이드로 삼는다. 어떻게? 우리는 서로 감정을 주고받도록 만들어진 사회적 동물이기 때문이다. 그리고 어떤 감정은 '오직' 타인을 통해서만 느낄 수 있다. 이것은 서로에 대한 기대를 바탕으로 한 접촉으로 가능해진다.

삶에서 서로에 대한 기대를 가장 명확하게 알고 싶은 관계는 아마 연인 사이일 것이다. 당신이 관계에서 얻고 싶은 것은 상대에 대한 기대를 통해 드러난다. 아마도 사귀는 누군가가 "우리 관계에서 바라는 게 있어"라고 대놓고 말한다면 당신은 당황할 것이다. 인위적이고 부적절하다고 생각할지도 모른다. 하지만 누군가에게 자신의 기대를 알리는 것은 상대를 신뢰하며 나의 약한 부분까지 보여 줄 수 있다는 메시지를 보내는 것과 같다.

'이게 내가 느끼고 싶은 감정이야. 그리고 당신만이 내게 그런 감정을 느끼게 해줄 수 있어.'

예를 들어, 사랑하는 사람이 매일 문자를 보내 주길 기대할 수 있다. 그것은 자신이 상대에게 중요한 존재이며 둘 사이가 안정적이라는 만족감을 주기 때문이다. 나는 남편과 20년을 함께 했는데도, 남편이 보내는 아침, 저녁 안부 문자에 '여전히' 기분이 좋다. 변치 않는 편안함과 당신이 소중한 존재라는 느낌은 절대 식상해지지 않는다. '문자' 자체가 아니라 '그 문자가 당신에게 어떤 기분이 들게 하는가'가 중요한 것이다.

그러면 먼저 시작하라. 당신이 먼저 매일 아침저녁으로 안부 문자를 보내라. 아니면 차라리 먼저 전화를 걸어라(어머!). 자신이 그에게서 느끼고 싶은 사랑과 헌신의 기분을 그가 느끼도록 해줘

라. 그러면 서로의 위대한 잠재 자아 간에 유대감이 생기고 두 사람 모두가 원하는 것을 얻을 수 있게 될 것이다.

내 경험을 하나 말해 주겠다. 나는 헌신적인 부모님과 다섯 형제 사이에서 자랐는데, 우리 가족은 생일을 대단하게 챙기지 않았다. 그래서 나는 한 번도 내 생일이나 다른 사람들의 생일을 대단하게 생각해 본 적이 없었다. 그래서 결혼 후 몇 년이 지나고서야 남편 매슈의 생일을 제대로 챙겨 주기 시작했다. (나도 내가 한심했던 거 안다.) 그런데 그렇게 챙겨 줄 수 있게 된 것은, 남편이 몇 년간 생일카드에 내 서명을 비슷하게 흉내 내 써서 자신에게 보내고 장난스럽게 나한테 감사 인사를 했기 때문이다.

하지만 나는 매슈의 그런 기대를 강요처럼 느끼지 않았다. 그의 재치 덕분에 사랑받고 소중한 사람으로서 대우받고 싶은 그의 욕구를 알게 되었다. 그 바보 같은 셀프-생일카드 덕분에 우리 두 사람의 위대한 잠재 자아 사이에 유대감이 생겼다. 나는 내가 과학과 마법, 꿈과 현실이 교차하는 지점에 서 있다는 사실을 알았다.

매슈가 나에게 바라는 것을 이해함으로써 내가 자신에게 바라는 것도 변했다. 그것은 내가 옳다고 믿는 바를 바꾸었고, '나'를 변화시켰다. 나는 이제 생일을 중요하게 생각한다. 몇 년간 보지 못한 친척에게도 선물 바구니를 보낸다. 사랑하는 사람이 이 세상에 처음 등장한 날은 특별히 서로 더 축하해야 하는 법이기 때문이다. (매슈, 이걸 내 공식적인 사과라고 생각해 줘.)

왜 이렇게 사소한 일들이 결국 아주 중요한 의미를 지니게 되는 것일까? 그것은 매일 보내는 문자, 아침 안부 인사, 생일축하 카드 등 형태와 상관없이 그 안에 '당신은 나한테 소중해'라는 메시지가 담겨 있기 때문이다. 누군가에게 그가 소중한 존재라고 느끼게 해주는 것은 그 사람의 가장 기본적인 정서적 욕구를 충족시켜 주는 일이다. 그래서 상대방에게 갖는 기대를 전달할 때 두 사람 모두 자신의 위대한 잠재 자아에 연결될 수 있는 것이다.

기대가 늘 실망으로 이어지는 것은 아니다. 기대는 사랑을 불러온다. 기대는 유대감이 생기게 한다. 기대는 변화를 이끌기도 한다. 기대는 우리가 서로에게 영감을 주어 변화하도록 나아갈 길을 제시한다. 기대는 당신을 자신의 위대한 잠재 자아로 이끌 뿐만 아니라, 사랑하는 이들의 위대한 잠재 자아에 더 가까이 다가가게 해준다.

우리의 위대한 잠재 자아는
기대의 망으로 서로 연결되어 있다

로맨틱한 관계만 당신의 GPS에 영향을 줄 수 있는 것은 아니다. 좋은 친구는 당신의 가치를 알기 때문에 당신이 스스로 비하하는 순간을 알아차리고 말해 준다. 좋은 친구는 때로 당신이 보지 못할 때조차 당신 내면의 위대한 잠재 자아를 본다. 친구는 GPS의

눈금을 조절하도록 도움으로써 당신의 자기 기대가 좀 더 긍정적인 방향으로 향하도록 한다. 그러니까 만약 누군가 끊임없이 당신의 자기 기대를 부정적인 방향으로 흐르게 한다면, 그 사람은 한마디로 형편없는 친구다.

그건 그렇고, 우정과 기대는 쌍방향으로 영향을 주고받는다. 관계가 당신의 기대를 정의하고 기대에 영향을 미치는 만큼, 기대 또한 관계를 형성하고 바꿀 수 있다.

당신이 인생에서 가장 많은 가르침을 얻은 사람인데도, 정작 당사자는 그 사실을 전혀 모르고 있을 수 있다. 직장 동료를 술자리 멤버 대하듯 편하게 대할 수 있다고 기대하지 않을 것이다. 또한 술자리 멤버한테서 오래도록 깊은 우정을 쌓아 온 친구와 같은 친밀감, 애정, 신뢰를 느낄 수 있을 거라 기대하지 않는다. 당신과 상대가 서로에게 가지는 기대가 어떻게 관계의 경계를 설정하는지 안다면, 당신의 기대가 잘못 연결되거나 엉뚱한 방향으로 갈 때 알아차릴 수 있을 것이다.

누군가와 어디까지 관계 맺고 신뢰할 수 있는가를 알아채는 법은 일찍부터 배우게 된다. 당신이 서쪽으로 향하면서 동쪽에 도착할 거라 기대하지 않듯이, 우정도 다르지 않다.

내 친구는 손버릇 나쁘기로 유명한 인간에게 (잠시) 집을 봐달라고 부탁했다. 친구는 집에 돌아와 그 인간이 아이스크림을 다 먹어 치우고 빨래방에서 넉 달은 족히 쓸 만큼의 잔돈까지 훔쳐갔다는 사실을 발견했다. "나 화내도 되냐?" 친구가 내게 물었다.

내가 뭐라고 했을 것 같은가? "화내는 거야 네 맘이지만, 무책임한 인간한테 짐을 맡긴 것도 너야." 얕은 인간관계에 큰 기대를 하는 모험을 하지 말기를.

무의식적 기대를 충족시키는 것은
의식적 결정이다

당신에 대한 누군가의 기대는 당신을 통해 자신의 욕구를 충족하고 어떤 기분을 느끼기를 원한다는 표현이다. 당신 내면의 GPS는 어릴 때부터 가족, 친구, 선생님, 그리고 다른 사람들의 기대에 의해 형성되어 왔다. 하지만 어른인 당신에게는 어릴 때는 없었던 자율성이 있다.

그러면 다른 사람이 당신에게 갖는 기대가 현실적이고 합리적인지는 어떻게 가늠할 수 있을까? '그들의 요구가 합리적인가? 아니면 자신이 감당하기 힘든 감정을 당신이 대신 해소해 주기를 바라는가?'라는 질문에 스스로 답해 보라.

만약 연인이 자기 생일을 기억해 주고 사랑받는다는 기분이 들게 해주길 바란다면, 그것은 분명 합리적이다. 하지만 일정 체질량 지수를 유지하게 만들고 당신을 통해 왜곡된 신체 이미지에 대한 자기애적 욕구를 충족하려 한다면, 그 기대는 합리적이지 않다. 그의 유일한 대안이 당신을 고통스럽게 하는 것이라면, 그런 사람은 실망시켜도 된다.

위대한 잠재 자아는 나와 다른 사람들의 기대와 더불어 내가 사는 사회의 기대 역시 유지시킨다. 이런 기대들은 보통 충족되지 않을 때 비로소 알아차리게 된다. 당신은 전기 회사가 전등을 계속 밝혀 주길 기대한다. 당신은 업무 메일이 제때 도착하길 기대한다. 당신은 즐겨 찾는 야동 사이트에 가끔이라도 새로운 영상이 올라오길 기대한다. 그리고 사회가 당신에게 기대하는 것들도 있다. '영화 시작했으니까 문자 하지 마', '입 벌리고 먹지 마', '은행 털지 마'. 애초에 당신이 또라이가 아니라면 이런 기대가 있다는 것조차 인식하지 못했을 것이다.

한편, '다른' 종류의 사회적 기대가 있다. 그 사회적 기대는 당신의 위대한 잠재 자아를 마음껏 펼치지 못하게 한다. 그런 기대는 보통 성별, 나이, 직업, 사회적 지위, 성 정체성과 같은 것에 바탕을 두고 있다. 그리고 그렇게 내려진 정의들은 진정한 나에 미치지 못하는 모습을 기대하기 때문에, 내면의 GPS와 충돌한다. 그런 기대들은 도전받아야 한다. '정상'이란 말은 다수에 의해 받아들여진 정신 나간 상태의 다른 표현일 뿐이라는 사실을 잊지 마라. 기대에 도전하는 것은 환영할 만한 일이다.

세상에 정말 큰 영향을 끼친 사람들은 사회의 억압적인 기대에 도전하는 용기를 가진 자들이다. 마하트마 간디Mahatma Gandhi. 로자 파크스Rosa Parks. 마틴 루서 킹Martin Luther King Jr. 말랄라 유사프자이Malala Yousafzai. 세자르 차베스Cesar Chavez. 넬슨 만델라Nelson

Mandela. 해리엇 터브먼Harriet Tubman.* 용기를 통해 그들은 실망감이 주는 고통보다 더한 고통에 맞설 수 있었다. 그들은 다른 사람들에게 영감을 주었고 우리 인류가 가진 '위대한 잠재 자아'를 어렴풋이나마 볼 수 있게 해주었다.

똑같은 잠재력과 힘이 당신 안에도 있다. 그것들은 당신의 기대가 있는 그곳, 위대한 잠재 자아에서 비롯된다. 하지만 내면의 GPS에게 가이드가 되어 주는 것은 기대뿐이 아니다. 믿거나 말거나 실망 역시 성취를 향해 당신을 이끈다.

당신은 빙하 시대에 살아남은 자의 직계 후손이다
당신은 실망을 감당할 수 있다

당신은 실망하면 누구 탓을 하는가? 비난의 화살이 향하기 쉬운 대상은 바로 나 자신이다. 그래서 보통 기본적으로 자신을 비난한다. "난 부족한 사람이야. 더 잘 알았어야 했는데, 내 잘못이야." 이런 식으로 말이다. 반면 남 탓만 하는 사람들도 있다. 그들은 "사람들은 항상 나를 못살게 굴어. 사람들은 나를 골탕 먹여. 다른 인간들은 쉽게 사는데"와 같은 말을 한다.

실망의 감정이 밀려와 내면의 GPS 신호가 끊긴 듯한 기분

* 1820년대 노예로 태어나 자유를 얻은 뒤 흑인 해방 운동가로 활동했다.

이 들면 다시 연결해야 한다. 처음에 했던 것처럼 호기심을 통해 GPS에 연결하고 다시 시작할 수 있다. 전에 한 번도 가본 적이 없는 곳으로 차를 운전할 때 당신은 GPS로 위치를 탐색하고 그곳으로 향한다. 내면의 GPS도 그런 방식으로 작동한다. 자기 파괴적이고 거짓된 목소리를 탐색하라. 현실 검증을 통해 거기서 벗어날 수 있다.

예를 들어, 당신이 좋아하는 사람에게 막 거절당한 상태라면, 자신이 매력 없는 루저이며 혼자 늙어 죽을 운명이라는 생각이 들 수 있다. 그 생각에 도전하라. 물론 거절도 실망의 일종이고 막상 당하면 정말 기분 나쁠 수 있다. 하지만 정말 지구상에 존재하는 몇 십억 인구 중에, 그 사람 한 명만이 당신의 최고이자 마지막 운명의 상대라고 생각하는가? 아니면 다른 누군가를 찾을 '가능성'이 있다고 생각하는가? 당신의 위대한 잠재 자아를 켜고 비난 회로는 무시하라. 그렇게 하면 비관적이고 불필요한 수치심을 '자기 용서'로 대체할 수 있다.

용서의 시발점이 필요하다면 이 사실을 기억해라. '당신이 기대하는 것 자체는 잘못이 아니며 실망하는 것도 당신 탓이 아니다. 당신은 인간이기 때문이다.' GPS는 당신의 기대, 그리고 실망에 따라 성취감과 만족감을 얻을 수 있는 방향으로 재설정하고 안내한다.

당신은 그런 도움을 주는 정보를 정말 차단하고 싶은가? 그러지 말고 이렇게 생각해라. 실망한다고 안 죽는다. 여정이 끝나 버리는 게 아니다. 그저 경로를 재탐색하면 된다. 자신의 기대와 실망을 호기심 어린 눈으로 바라봄으로써 위대한 잠재 자아에 다시 연결될 수 있다.

실망은 원치 않는 고통스러운 감정이기 때문에, 역설적으로 좌절된 당신의 욕구와 기대를 충족시키는 법을 알려 주는 지식이 될 수 있다. 그러니 당신이 지금 깊은 실망감에 고통받고 있다면, 이걸 알아야 한다. 당신이 느끼는 그 느낌은 실패의 신호가 아니라 '용기의 증거'라는 것을. 실망은 당신이 용기 있게 시도했기 때문에 찾아온 것이다.

당신은 용기 있게 사랑했다. 당신은 용기 있게 말했다. 그리고 용기는 절대 잘못된 것이 아니다. 용기는 자신을 위해 내면에서 무한히 만들어 낼 수 있으므로, 아무리 많이 사용해도 낭비라고 할 수 없다. 용기는 기대가 나아갈 길을 안내하고 실망에 빠진 당신을 응원하는 곳에서 나온다. 바로 당신의 위대한 잠재 자아다.

"절대 안 돼"와 "아직 아니야"를 헷갈리지 마라

실망은 때로 정말 끔찍하게 고통스러울 수 있는 비통함의 한 종류이다. 독특한 형태의 비통함이라고 할 수 있는데, 아직 벌어지지 않은 미래의 일을 바라는 것처럼 아직 가져 본 적이 없는 것에 대한 상실을 애도하고 있기 때문이다. 그것은 당신이 원하거나 필요한 것을 '결코' 가질 수 없다는 의미가 아니다. "안 돼"라는 대답은 단지 '아직 아니야'라는 의미일 뿐이다. 그러니 뒤로 물러나 곰곰이 생각해 보라. 정확히 미래의 어떤 것에 대한 상실을 비통해하는가?

세부 사항이나 방식은 이전에 바랐던 것과 차이가 있겠지만, 당신은 욕구를 충족할 수 있는 또 다른 방법을 찾게 '될' 것이다. 당신 내면의 GPS는 경로를 재탐색하고 새로운 방향을 제시하면서 이렇게 외칠 것이다. "안내를 시작합니다!" 그렇게 나아가기 시작하면 더는 실망이라는 장애물에 막힌 기분이 들지 않을 것이다.

시동이 걸리고 실망을 뚫고 나아가기 시작했다고 하더라도 그것이 앞으로는 실망을 느끼지 않을 것이라는 의미는 아니다. 그렇다. '진짜' 잃어버린 것이 무엇인지 알아차리고 애도하는 것도 중요하지만, 더 중요한 것은 "아직 아니야"와 "절대 안 돼"를 혼동하지 않는 것이다.

다음에 좌절하게 되면 다시 일어섰던 많은 경험을 기억하라. 진화는 냉정하고 실용적이며, 때로 잔인하게 보이기도 하지만 가학적이지는 않다. 실망의 목적은 고통을 주는 것이 아니다. 실망의 고통은 진화가 구명 메시지life-saving message에 붙여 놓은 주의집중 표시 같은 것이다. 앞서 말했듯 실망은 '지금 당신이 하고 있는 건 먹히지 않으니 필요한 것을 얻을 다른 방법을 찾아라'라고 하는 신호이다.

당신이 실망하고 있는 순간에도 충족되지 않은 기대와 그 기대에 연결된 욕구는 여전히 채워지길 기다리고 있다. 그 욕구가 무엇인지 모르겠다면 기본적인 질문으로 돌아가라.

'이 기대가 충족되었을 때 내가 어떤 감정을 느끼길 바랐지? 다른 방식으로 그 감정을 느낄 수는 없을까?'

그 감정이 당신의 목적지이며, 기대가 그곳에 이르게 하는 경로이다. 당신 내면의 GPS는 길 찾기의 천재다. 어디든지 다 찾아갈 수 있다.

실망이 당신의 목적지 설정을 돕는다

다치고 멍든 상처에 얼음찜질을 하고 나면, 다시 객관적인 자세로 실망감을 되짚어 보고 현실 검증을 할 수 있는 여유가 생긴다.

실망에 대한 현실 검증은 위대한 잠재 자아를 활성화시키고 당신을 그곳에 연결시켜 준다. 왜냐하면 당신이 진정으로 찾아 헤맨 것—특정 상황이 아닌 충족된 욕구를 상기시켜 주기 때문이다. 당신의 실망을 현실적으로 따져 보는 것은 기대에 대한 현실 검증과 별반 다르지 않다. 같은 질문이지만 과거 시제를 사용한다는 점이 다를 뿐이다.

과거로 돌아가 벌어진 일을 천천히 되짚어 보라. '융통성 없는 기대를 하고 있었는가? 어떤 일이 벌어질 거라 기대했는가?

무엇을 느끼고 어떤 행동을 할 거라고 기대했었나? 다른 사람들은 무엇을 느끼고 어떻게 행동하길 바랐나? 만약 통제할 수 있었다면 얼마만큼 통제했는가? 그 결과 때문에 할 수 없는 일이 무엇인가? 그 결과 내가 할 수 있게 된 것은 무엇인가? 이것은 얼마나 오랫동안 문제가 될까? 하루? 일주일? 한 달? 일 년?'

이 질문에 대한 답들은 당신이 느낀 실망에 대한 보다 정확한 이해와 시각을 제시해 주기 때문에 매우 유용한 정보가 된다. 이 정보를 통해 내면의 GPS는 충족되지 않은 기대를 가늠하고 조정함으로써 욕구를 충족시킬 수 있는 방향으로 재설정할 수 있게 된다. 가면 '안 되는' 곳을 알게 됐으니, 다른 경로를 시도할 준비가 된 것이다. 내면의 GPS에 새로운 주소를 입력하라. 그리고 이 시점에서 자신을 칭찬하라. 당신은 지금 '실망감 속에서도 새로운 기대를 거는' 상당한 배짱을 보여 주고 있으니까.

내면의 GPS를 얼마나 잘 다루는지, 기대하고 소통하는 데 얼마나 잘 적응하는지와 상관없이, 사람들은 계속 당신을 좌절시킬 것이다. 내가 상담한 내담자의 경우처럼 말이다.

내담자가 임신했을 때 그녀의 친구는 필요할 때 병원까지 운전해 주겠다고 약속했다. 하지만 막상 내담자에게 진통이 시작되어 친구를 불렀을 때, 그녀는 오후 12시와 4시 사이에 매트리스가 배달되어 오기로 했다며 3시 34분부터 사라져서는 약속을 날려 버렸다(#완전실화). 누군가를 죽이고 싶을 정도로 실망한 사람을 본 건 내 평생 그때가 처음이었다. 아마 당신도 비슷한 감정을 느꼈을 것이다.

하지만 이 사실을 알아야 한다. 다른 사람이 나를 어떻게 대해야 하는지를 그들에게 가르칠 순 없지만, 다른 사람들은 당신이 당신 자신을 어떻게 대해야 하는지 가르쳐 줄 수 있다. (아, 그리고 '다른 사람이 나를 어떻게 대접해야 하는지 가르칠 수 있다'는 말도 #나쁜조언이다.) 기억하라. 실망이 당신과 위대한 잠재 자아 사이의 연결을 잠시 끊어 놓을 수는 있지만, 영원히 끊지는 못한다.

참을성은 현재보다
더 나은 미래를 알고 있다는 자신감이다

치유는 자연스러운 과정이지만 결코 서두르면 안 된다. 당신에게는 실망을 극복할 시간과 심리적 거리가 필요하며, 자신을 위한 심리적 공간을 만드는 것은 당신에게 달린 일이다.

집을 청소하는 일로 시작해 보라. 당신의 고통을 인지하고 가라앉히라. 고통에 대해 말하고, 쓰고, 반추하라. 그것을 현실적으로 따져 보라. 점차 내면의 위대한 잠재 자아에 다시 연결될 것이다. 그리고 다시 말하지만, 여기서 서두르면 안 된다. 당신을 실망시킨 그 사람과 대화하기 전에 뒤로 물러나 한숨 돌리며 현재 벌어지는 일을 처리할 시간을 자신에게 주어야 한다.

랜스 도즈Lance Dodes 박사는 중독 치료 분야의 대가이다. 그는

90일 동안 90번의 만남을 가지는 12단계 모임을 만들기도 하는 등, 다수가 받아들이는 기존의 치료 방식에 의문을 제기하는 것으로 많은 논란을 일으킨 바 있다. 그는 한 인터뷰에서 중독 치료에 걸리는 시간과 관련된 얘기를 한 적이 있다. "만약 여덟 달이 걸리더라도 암을 치료할 수만 있다면 행복하겠죠." 그는 말했다. "중독을 치료할 때 충분한 시간을 갖는 것이 뭐가 문제인지 모르겠습니다. 언제나 시간이 걸립니다." 당신도 충분한 시간을 가져야 한다. 당신의 위대한 잠재 자아는 그럴 만한 자격이 있다.

당신이 느낀 실망감의 종류에 따라 마음의 준비가 되면 자신을 좌절하게 만든 사람과 이야기를 나누고 싶어질 수도 있다. 이는 공감으로 향하는 길을 열어 준다. 당신이 많이 공감할수록 고통은 더 줄어든다.

자기 기대를 충족시키지 못한 나에게 공감을 보이는 것은 내면의 위대한 잠재 자아에 다시 연결되는 데 도움이 된다. 또한 자신의 기대를 충족시키지 못한 다른 사람에게도 이와 같이 한다면 상황에 대한 보다 넓은 시각으로 이어지며 내면의 잠재 자아와 다시 연결될 수 있을 것이다.

어쩌면 제대로 소통하지 못했거나 당신의 기대가 생각했던 만큼 명확하지 않았을 수도 있다. 당신을 좌절하게 만든 그 사람에게 그럴 만한 정당한 이유가 있었을지도 모른다. (아무리 그래도 아기가 나오려는 상황에 매트리스나 받으러 가는 건 정말 아니다.)

당신의 위대한 잠재 자아는 과거를 바꿀 순 없어도
미래에는 무한한 능력을 발휘할 수 있다

내면의 GPS가 대단하긴 해도 딱 하나 못 하는 것이 있는데, 바로 되돌리기다. 당신이 겪은 실망감을 없던 일로 할 수 없으며 충족된 기대를 무효로 만들 수도 없다. 하지만 위대한 잠재 자아는 당신의 기대를 충족시켜 주지 못했던 사람에게 똑같은 기대를 거는 위험을 감수할지 말지 결정할 수 있다.

성숙함의 기준은 당신이 그 친구들에게 어디까지 기대할 수 있을지 그 한계를 아는 데 있다. 계속해서 당신을 실망하게 만드는 사람에게(예를 들어, 당신의 아이스크림을 모조리 먹어 치운 무책임한 또라이) 같은 기대를 한다면, 그것은 미친 짓이다.

당신을 실망하게 만든 사람들과 대화를 나누거나 그 사람에 대한 기대를 바꾸는 것과 상관없이, 당신은 그들을 용서해야 한다. 다시는 보고 싶지 않을 정도로 상황을 심각하게 말아먹은 사람이라 할지라도, 용서하는 것은 가능하다. 그들에게 알릴 필요는 없다. 누군가를 용서한다고 해서 그가 하거나 하지 않은 일을 정당화해 주거나 봐준다는 뜻이 아니다. 당신 차를 완전히 망가뜨린 사람에게 다시는 차 열쇠를 주지 않으면서도 여전히 용서는 할 수 있다.

갑자기 기억상실증에 걸려 관련 사건을 잊는 게 아니다. 당신은 지식을 가지고 앞으로 나아간다. 주의도, 망각도, 부인도 아니다. 용서는 자신의 역량을 강화하는 행위다. 용서는 과거를 없었던 일로 돌리는 것이 아니라, 미래로 나아가도록 힘을 주는 일이다. 나는 용서의 고수다. 비서가 내 차를 박살냈지만 나는 그녀를 용서했으며 게다가 다시 차 열쇠까지 주었다. 그러니 나는 예수님 못지않은 용서 전문가이거나… 멍청이다. (지금 당장 판단하진 마시길.)

누군가를 용서함으로써 당신은 잘잘못을 가리는 게 아니라 실망감에서 회복하는 데 에너지를 쓰겠다는 의식적인 선택을 하는 것이다. 용서는 과정이다. 한 번에 끝낼 수 있는 일이 아니므로 서두를 필요가 없다. 당장은 아니더라도 자신에게 용서할 수 있는 능력이 있다는 믿음을 가져라.

용서의 가능성을 열어 둠으로써 다시 내면의 GPS에 연결되기도 하는데, 당신의 위대한 잠재 자아가 문자 그대로 당신의 '잠재적 자아'이기 때문이다. 자신을 실망시킨 사람을 용서하는 미래의 내 모습은 당신이 보여 줄 수 있는 최선의 나이다. 약속을 날려버린 친구를 용서하게 될 임산부 내담자의 미래 모습처럼 말이다.

위대한 잠재 자아에 대한 기대는
위대한 현재 자아로 이어진다

'기대하면 실망하게 된다'는 #나쁜조언은 생략의 기법을 이용한 거짓말이다. 사실 기대하면 실망하게 된다는 말은 맞지만, 기대를 통해 그보다 훨씬 더 많은 것을 얻을 수 있다. 기대는 당신의 욕구를 채워 주고 삶에서 의미, 유대감, 성취감을 비롯해 엄청나게 많은 것을 발견하게 해준다. 당신의 기대가 위대한 잠재 자아의 안내와 연결될 때 이러한 현상이 일어나는데, 그 연결은 당신의 감정을 통해 이루어진다. 실망감이든, 다른 어떤 감정이든 감정을 부인하면 그 연결은 끊어진다.

내면의 GPS에 잘 맞춰져 있다는 것은 실망을 당신의 방향 체계의 일부로 인지한다는 걸 의미한다. 고통이 주는 이점을 알고 있다면 잠재적인 고통을 감수할 수 있다. 그 이점이란 자신과 욕구, 그리고 그 욕구를 충족할 수 있는 방법에 대한 보다 명확한 이해를 말한다. 이러한 진리는 실망의 두려움으로부터 당신을 자유롭게 하며 기대할 수 있는 용기를 되찾게 해준다. 기대는 실망 너머로 이끈다. 기대는 당신을 위대한 잠재 자아로 이끈다.

 기대는 당신의 GPS,
위대한 잠재 자아로 이끈다

#좋은조언

4

주는 대로 받고
속상해하지 마라

'주는 대로 받고 속상해하지 마라'라는 말은 다 큰 어른들 사이에서 하기엔 모멸적이고 듣기 민망한 소리다. 그래서 주로 아이들에게 한다. 나는 이 말이 미국 전역의 유치원과 놀이터에서 남발되는 아동용 #나쁜조언이라고 단언할 수 있다.

박봉을 받으며 과도한 업무에 시달리는 교사들이 아무 생각 없이 내뱉는 말이라는 건 알지만, 이 #나쁜조언은 할머니의 옛날 이야기에서부터 접하게 되는 억압의 언어다. 누군가 교실 밖을 지나다 이 말을 듣게 된다면 이렇게 생각할 것이다. '오⋯ 닥치라는 말을 저렇게 귀엽게도 할 수 있군.'

내가 이 장을 쓰기 위해 조사하는 동안, 신문 기사나 학부모 블로그에서 이런 나쁜 조언을 마치 '지혜'라도 되는 듯 극찬한다는 사실을 알게 됐다. 그들은 주는 대로 받고 속상해하지 말라는 말이 아이들에게 어느 정도 감사의 마음을 갖게 한다고 주장한다. 그러나 이 나쁜 조언은 감사를 가르치는 것이 아니다.

한 연구에 따르면 감사의 감정을 이해하는 능력은 유아기를 한참 지나 7세와 10세 사이에 발달한다고 한다. 그러니 이것은 감사의 마음을 주입하는 것이 아니다. 현재 상황에 대한 복종을 강요하는 것이다. '주는 대로 받고 속상해하지 마라'라는 말에는, 권력을 가진 사람을 불편하게 만든다면 당신이 어떻게 느끼고 무엇이 필요한지는 중요하지 않다는 경고가 담겨 있다.

'주는 대로 받고 속상해하지 마라'라는 말 자체는 들은 적이 없더라도 비슷한 취지의 다른 표현은 들어 봤을 것이다. "애처럼 징징대지 마." "계속 울어봐, 정말 제대로 울게 만들어 줄 테니까." "넌 너무 예민해." 혹은 그냥 대놓고 "그만 좀 울어"라고 하기도 한다. 즉각적이고 비자발적인 감정의 분출이라는 점에서 울음은 웃음과 다르지 않다. 당신이 들었던 말의 진짜 의미는 다음과 같다. '너의 고통이 날 불편하게 해.'

이런 메시지를 반복해서 듣다 보면 자신이 필요로 하고 원하는 것은 중요하지 않다고 믿게 된다. 그래서 그게 무엇이든 입을 다물고 주는 대로 받아들인다. "맞고 싶으면 떠들어 보시지"라는 말을 들었을 때와 같다.

어른과 아이 사이에 존재하는 불평등과 힘의 차이에서 비롯된 이 #나쁜조언을 우리는 내킬 때마다 아이들에게 하곤 한다. 만약 원하는 것을 얻지 못해서 화가 난 다른 어른에게 이런 말을 했다가는 흠씬 두드려 맞을 것이다.

> "이건 제가 주문한 게 아닌데요."
> "주는 대로 받고 속상해하지 마세요."

> "이건 제가 처방받은 약이 아닌데요."
> "주는 대로 받고 속상해하지 마세요."

> "자기 이제 왜 입으로 안 해줘."
> "주는 대로 받고 속상해하지 마."

알겠는가? 어른들의 대화에서는 황당하게 들린다. 그런데도 '주는 대로 받고 속상해하지 마라'는 여전히 어른들의 세계에서 통용되는 권위 있는 슬로건이다. 이 말을 가장 많이 듣는 것은 아이들일 테지만, 교실이나 놀이터에서 아이들의 욕구와 감정을 부인하는 이 #나쁜조언은 보다 넓은 세상에서는 자유와 인권을 부인하는 데 사용된다.

이 말은 전 세계적 규모로 통용되는 #탄압의말이다. '주는 대로 받고 속상해하지 마라'는 기존 권력이 새로운 변화의 흐름에 대응하는 방식을 보여 주는 말이다. 당신이 여성이라면 이 말은 동일노동 동일임금을 기대하지 말라는 뜻이 될 것이다. 성소수자

에게는 '당신들의 타락한 생활 방식을 인정할 거라 기대하지 마'
가 될 수 있으며, '흑인들의 삶은 관심 없다. 주는 대로 받고 속상
해하지 마라'라는 식으로도 활용될 수도 있다.

이런 관계를 나만 눈치챈 것은 아니다. 2017년 여성의 날
행진 이후, 작가 디나 레이저먼Dina Leygerman은 육아 사이트 롬퍼
Romper에, 성차별이 여전히 존재한다는 사실을 부인하는 사람들
을 향해 다음과 같은 글을 올렸다.

"당신들은 페미니스트가 감정적이고, 비합리적이며, 비이성
적이라고 생각한다. 여성들은 왜 자기 삶에 만족하지 않느냐는 말
이지? 주는 대로 받고 속상해하지 말라는 말이지?"

그러나 사실 #나쁜조언에는 이해할 수 있는 측면도 있다. 사
회의 가장 해로운 역기능도 익숙해지면 정상이 되고 심지어 편하
게 느껴지니까. 권력의 목소리는 그런 사회적 역기능에 의문을 제
기할 여지를 주지 않는다. 특히 그 역기능이 가장 높은 권력으로
부터 나왔을 때는.

모든 종교는
신에게 오명을 씌우고 있다

'주는 대로 받고 속상해하지 마라'의 가장 오래된 형태 중 하나
는 신약성서 마태복음에 나오는 "온유한 자는 복이 있나니 그들

이 땅을 기업으로 받을 것임이요"라는 구절이다. 그러나 #예수의 조언은 #나쁜조언이 아니다. 그리스어 '프라우스praus'는 흔히 '온유한 자meek'로 번역되지만 사실은 그 뜻이 아니다. 성구 사전에는 "신의 통제 아래 힘을 보여 주는 것으로, 다시 말해 가혹한 권력을 남용하지 않고 힘을 실현하는 것"이라고 되어 있다. '프라우스'를 단순히 '온유한 자'로 번역하면 기품 있게 사용하는 힘이라는 본래 의미가 복종으로 변질된다.

어쩌면 이것이 완전한 우연은 아닐지도 모른다. 미국 신학자 마크 Y. A. 데이비스Mark Y. A. Davies는 "(고대 로마) 제국이 그리스도교를 수용하면서 속세에서의 권력과 통제를 유지하기 위해 그리스도교의 내세관에 지나치게 초점을 맞췄다"라고 지적했다. 이는 '거지 같은 지금의 삶을 그냥 받아들여. 장담하는데, 죽고 나면 영원히 행복할 거야'라는 말이나 마찬가지다. '주는 대로 받고 속상해하지 마라'는 오래된 억압 구조의 새 버전인 셈이다.

고대 로마인들은 오래전 사라졌지만, 그들의 시스템은 그대로 남았다. 그래서 그로부터 수천 년이 흘렀음에도 당신은 자신의 욕구, 타인에 대한 욕구, 좌절된 욕구 때문에 생기는 고통까지 부인하도록 가르치는 사회에 살고 있는 것이다. #나쁜조언이 이토록 끈질기게 오래 살아남지 않았다면, '당신'은 이미 내면에 존재하는 더 위대한 무언가를 얻게 되었을지 모른다.

본능: 너무 많은 사람이 무시하는
내면의 안전 장치

당신 몸의 세포 하나하나에는 선사 시대부터 인간이 생존 가이드로 갖고 태어나는 직관적 지혜가 담겨 있다. 과학은 이 지혜를 '본능'이라고 부른다.

본능은 감정을 매개로 소통한다. 감정은 당신의 생물학적 생존 장치의 한 부분으로 진화했다. 당신이 감정을 느끼면, 뇌의 변연계limbic system는 감정에 대한 생리적 반응을 생성하는 화학적 메시지를 몸에 전달한다. 변연계는 원시 뇌*의 일부분으로, 식욕, 성욕과 같은 원초적인 충동을 조절할 뿐만 아니라 겁 없이 달려들어 곰의 점심거리가 되지 않도록 해준다.

그래서 감정을 '조금' 조정할 수 있는 조절 장치는 있어도 완전히 끌 수 있는 전원 버튼은 없다. 그러니까 '주는 대로 받고 속상해하지 마라'라는 #나쁜조언은 과학을 부인하는 #실현불가능한조언이기도 하다. #나쁜조언은 당신의 감정을 무시하고 생물학을 무시한다. 이것은 아주 위험하다.

당신의 감정은 생존을 위해 어떤 일을 할까? 글래스고 대학교의 레이첼 E. 잭Rachael E. Jack 박사가 이끄는 연구에 따르면, 얼굴 곳곳을 통해 감정이 하는 일을 알 수 있다고 한다. 두려울 때 당신

* '원시 포유류의 뇌'라고도 불리며 인류 진화과정 초기에 발달한 부분이다.

의 눈이 커지는 것은 위협적인 상황에서 더 많은 시각적 정보를 수집함으로써 보다 효과적으로 대처하기 위한 생물학적 적응의 결과다. 역겨운 상황에서 얼굴을 찡그리는 것은 유독한 냄새로부터 코를 보호하기 위함이다. 그리고 선사 시대에는 이런 얼굴 표정이 다른 이들에게 위험을 경고하는 역할을 했을 것이다.

당신의 감정에는 심리적인 부분뿐만 아니라, 생물학적인 부분도 있다. 감정은 진화 과정에서 생존을 위한 적응을 계속해 왔고, 진화에는 실수가 없다(비록 인간 역사를 되짚어 볼 때, 비판받을 부분이 있기는 하지만). 감정은 신체의 감각기관과 매우 비슷하다. 감정은 경험을 메시지로 바꾸어 뇌에 전달해, 뇌가 그것을 처리하고 행동으로 옮길 수 있도록 한다. 이미 무언가를 느끼고 나서 느끼지 않으려고 하는 것은 냄새를 맡지 않겠다고 마음먹는 것보다 더 어렵다. 말이 안 되기는 둘 다 매한가지일 것이다. 아 그런데, 감정이 곧 느낌은 아니다.

뭔가 민망한 상황이 벌어졌을 때 얼굴이 붉어지는 '느낌'이나 누군가 마음을 아프게 했을 때 가슴에 실제로 느껴지는 뻐근한 무게감, 혹은 두려움 때문에 아드레날린이 솟구쳤던 순간을 떠올려 보라. 그것들은 모두 부끄러움, 상심, 두려움의 육체적인 '느낌'이다. 그리고 당신은 그에 상응하는 감정을 경험한다. 일단 당신의 뇌가 생리적인 감각을 처리하면 느낌에 상응하는 감정을 경험하게 되는 것이다. '주는 대로 받고 속상해하지 마라'라는 #나쁜조언은 그 과정을 막아 버리는 격이다.

'느낌을 부인하면' 어떻게 느끼는지, 뭘 해야 하는지 알 수 없다. 감정은 자신과 주변 환경에 대한 잠재적 구명life-saving 정보를 전달하는 메신저이다. 감정을 무시하는 것은 건물에 불이 붙은 상황에서 울리는 화재경보를 무시하는 것과 마찬가지다.

너무 많은 사람이
자유 대신 두려움을 택한다

실망, 분노, 좌절, 슬픔, 두려움처럼 다양한 모습으로 나타나는 '속상한 마음'은 충족되지 않은 욕구의 감정적 경험이다. '주는 대로 받고 속상해하지 마라'라는 말은 당신의 욕구가 충족되지 않았을 때 아무런 도움이 되지 않는다. 성별 때문에 상대적으로 적은 임금을 받을 때, 인종 차별적 언사와 맞서야 할 때, 누군가 당신이 가진 인간으로서의 가치와 충만함을 깎아내릴 때, 이 모든 상황에서 #나쁜조언은 "그래, 받아들여. 주는 대로 받고 속상해하지 말란 말이야"라는 말을 덧붙인다.

이와 같은 역동은 거시적 규모로 발생하기도 한다. '주는 대로 받고 속상해하지 마라'라는 말은 거의 대부분 자유, 존엄, 존경에 대한 욕구가 충족되지 않아 겪게 되는 집단의 고통을 대하는 사회의 태도를 반영한다. 엠마 곤잘레스Emma González*와 마틴 루서 킹Martin Luther King Jr. 같은 이들이 '속상한 마음'에 얼마나 큰 힘이 있는지 보여 주기 위해 나섰던 때가 바로 그때이다.

만약 당신이 시작부터 느낌을 부정한다면, '속상한 마음'이 가진 힘에 다가갈 수 없으며, 그 느낌 뒤에 존재하는 욕구도 만족시킬 수 없을 것이다. 그런데도 정말 욕구를 충족할 권리를 포기하고 #나쁜조언의 멍청한 규칙을 따를 건가? 젠장, 그럴 순 없다. 당신은 이 장의 #좋은조언을 따르게 될 것이다.

필요한 것을 얻지 못했다면
젠장, 차라리 속상한 게 낫다
#좋은조언

이 #나쁜조언이 내 속을 터지게 만드는 이유는 내가 자란 환경 때문이기도 하다. 펜실베이니아주 어퍼다비Upper Darby는 필라델피아 변두리의 노동자 거주 지역이다. 그곳에서 부모님은 나를 포함해 다섯 명의 자식을 키우셨는데, 집에는 일곱 명이 지낼 넉넉한 공간도, '주는 대로 받고 속상해하지 마라' 같은 소리를 새겨들을 여유도 없었다.

사실 어퍼다비는 필요한 걸 얻지 못할 것 같으면 '차라리 열

- 2018년에 벌어진 미국 플로리다 고교 총기 난사 사건의 생존자로, 현재 총기 규제 운동가로 활동 중이다.

심히 싸워서 쟁취하라'라는 말이 어울리는 동네였다. (한 번 더 말하면, 나는 백인이다. 권위에 저항하는 모든 사람이 나처럼 자기 몫을 챙길 수 있는 건 아니다.) 그곳의 삶은 느낌을 부인하라고 가르치지 않았다. 비록 표현 방식은 한심하고 파괴적이었을지언정, 느낀 것을 표현하도록 배웠다. "일단 주는 대로 받고 그 자식 차는 불태워" 같은 식이었다.

이 #나쁜조언이 정말 사악하고 교묘한 이유는 당신이 느끼는 것을 부인하는 동안 내면에 '다른' 감정이 생기기 때문이다. 그로 인해 당신은 자신이 무가치하다고 느끼고 두려움을 갖게 된다. 자신의 감정을 부인하다 보면 욕구를 충족할 자격이 없다는 생각이 점점 더 강해진다. 다른 권위주의적 메시지들과 마찬가지로 #나쁜조언은 '어디 감히!'라는 위협을 담고 있기 때문에 우리에게 두려움을 불러일으킨다. 그것은 협박성 진술이다. 빌어먹을 놈들.

속상한 감정을 느끼는 데 선택권이 있는 것은 아니지만, 두려워할 필요는 없다. 절대로. 당신은 두려움을 극복하고 자신이 처한 상황을 바꿀 힘이 있으며, 그 힘 역시 두려워할 필요 없다.

문제는 두려움 자체가 아니라
두려움 때문에 하는 일이다

인간의 뇌에서 초기에 진화한 부위를 살펴보면, 어떤 종류의 두려움이든 죽음에 맞먹는 공포를 줄 수 있다는 것을 알 수 있다. 편도체amygdala는 변연계의 한 부분으로, 공포감을 다룬다. 하지만 그곳을 둘러싸고 있는 부분은 상대적으로 뒤늦게 진화한 신피질neocortex로, 언어 능력, 감정처리 능력, 의사에게 합법적 대마초를 처방해 달라고 설득할 수 있는 능력을 갖춘 최신 소프트웨어로 업그레이드된 곳이라고 할 수 있다.

그러니까 뇌는 복합적으로 작동한다. 당신의 신피질이 '그가 집을 나가면서 마음대로 가져간 캡슐커피 머신을 돌려 달라고 하면 화내겠지?'라고 평가할 때, 당신의 변연계는 이것을 '아, 이런. 죽을지도 몰라 도망쳐야 해!'로 판독할 수 있다. 당신의 편도체는 투쟁Fight, 도피Flight, 경직Freeze 신호를 보낸다. 정신과 육체는 위협에 맞서 '투쟁'하거나, 상황에서 벗어나기 위해 '도피'하거나, 아니면 '경직'된 상태로 숨어 있게 하려고 즉각 화학 물질과 호르몬을 분비한다.

당신의 섬세한 신피질은 두렵긴 해도 위협적이지는 않은 상황에서 그러한 메시지를 전달받게 되면 '투쟁, 도피, 경직' 메시지의 강도를 낮춰서 해석하고 반응한다. 그런데 잘못 인지된 두려움은 잘못된 생존 충동을 일으켜 당신이 추구해야 할 것을 적극적으로 기피하게 만든다. 다시 말해, 의도적으로 자신의 욕구 충족을 차단하게 된다.

만약 누군가 자기 태만을 보이거나 해야 할 일을 뒤로 미루고 2016년 대선* 후 "어쩌면 그에게 기회를 줘야 할지 몰라"라고 한다면, 두려움으로 인한 경직 반응이라고 보면 된다. 그렇다고 해도 두려움은 당신의 적이 아니다. 당신을 살아남게 하기 위해 진화된 감정일 뿐이다.

'주는 대로 받고 속상해하지 마라'라는 #나쁜조언은 당신의 진짜 느낌과 욕구를 두려움으로 가린다. 두려움은 하나의 장애물일 뿐, 복종할 대상이 아니라는 사실을 깨닫기 위해서는 용기가 필요하다. 괜찮다. 당신은 용기 낼 수 있으니까. #나쁜조언과 달리, 용기는 자신이 느끼는 것을 부인하지 않는다. 용기는 두려움을 받아들일 때 생겨난다.

두려움을 넘어서는
용기를 가져라

'용기'는 무게감이 있는 단어다. '명예', '충성', '명품'처럼, 어디 대리석 같은 곳에 그럴싸하게 새겨져 있을 것 같다. 우리는 '용기'라는 단어를 대단히 영웅적인 상황에서 주로 사용한다. 그러나 용기는 단지 이야기책이나 역사책에만 등장하는 말이 아니며, 당신이 생각하는 것만큼 그렇게 희귀한 것도 아니다.

용감하다는 것이 곧 두려워하지 않는다는 말은 아니다. 멍청

• 도널드 트럼프가 당선된 2016년 미국 대통령 선거를 말한다.

이들이 생각 없이 위험에 뛰어들기 때문에 도박의 도시 라스베이거스가 여전히 건재한 것이다. 진짜 용기는 위험한 것보다 그 위험을 무릅쓰지 않는 것을 더 두려워하는 것이다.

무자비한 놈들과 맞서고, 살 떨리는 취업 면접에서 자신을 증명하며, 긴장되는 첫 데이트를 무사히 마친 것처럼, 심장 떨리고 손바닥에 땀이 났던 그 모든 순간이 당신의 용기를 증명한다는 사실을 당신은 이미 알고 있다. '용기courage'라는 단어는 '심장'을 의미하는 라틴어 'cor'에서 유래했다. 심장은 당신을 포함한 모든 이의 용기가 나오는 곳이다.

사랑이 두려움보다 강하다고 결론 내렸다면, 그런 것이다. '당신'이 두려움보다 강하다고 결론 내렸다면, 그런 것이다. 어떻게 가능하냐고? 자신에게 두려움을 허락하라. 두려움이 허락되면 '용기도 허락'된다.

원초적 공포primal fear 반응에는 '나'라는 강제 작동장치가 있다. 한 과학 실험에서, 뱀을 무서워하는 참가자들을 뱀이 놓여져 있는 컨베이어 벨트 옆에 서게 했다. 그리고 그들에게 뱀을 가까이 오게 하는 버튼을 누르라고 말했다. 참가자들이 뱀을 가까이 오게 하겠다고 결정한 순간 뇌를 스캔한 영상을 보면, 변연계의 또 다른 부분인 슬하전두대상피질subgenual anterior cingulate cortex이 '편도체가 보낸 두려움의 신호를 무시하는 반응'을 보인다는 것을 알 수 있다.

그 반응은 오로지 뱀을 다가오게 하는 그 버튼을 누른 '후'에 나타났다. 두려움을 감수하도록 하는 반응을 일으킨 것은 용기였다. 당신이 #나쁜조언을 따르느라 속상하지 않은 척한다면 그 버튼은 눌러지지 않을 것이다. 속상해하라. 두려움을 느끼고 용기를 선택하라. 용기는 두려움을 효과적으로 활용하는 것이다. 용기도 연습이 가능하다.

두려움을 유발하는 행동을 매일 한 가지씩 시도해 볼 수 있다. (하지만 안전에 주의하고, 바보짓은 하지 말 것.) 임금 인상을 요구하기. 평범하고 지루한 섹스에 안주하지 않기. 지역구 의원에게 전화해서 의견 전달하기. 사랑하는 사람들에게 사랑을 표현하기. 성차별적·인종차별적 발언에 과감하게 반박하기. 모두가 방관할 때 나서서 도와주는 사람 되기. 엄마에게 이번 크리스마스에는 자고 가지 않겠다고 말하기.

두려움을 무릅쓰는 행위는 당신이 무너지지 않는다는 것과 더 중요하게는 당신의 잠재적 용기까지 반론의 여지 없이 증명하는 일이다. 용기를 내는 것은 바로 삶에 적용할 수 있으며 부인할 수 없는 진짜다. 한때 당신이 가졌던 두려움은 새로운 정보와 이해의 뿌리가 된다.

'주는 대로 받고 속상해하지 마라'라는 #나쁜조언을 버리고 '속상해할' 용기를 낼 때 당신은 '효과적으로 두려워할 수 있는' 힘을 얻게 된다. 두려움 때문에 경직되는 대신, 두려움에도 불구하고 행동하라.

필요한 것을 얻으려 할 때 때로는 두렵다
좌절했던 모든 순간이 떠오르니까

두려움과 대면하기 전에, 두려움을 제대로 식별했는지 확인할 필요가 있다. 두려움과 대면하는 일 없이 쭉 함께해 왔다면 두려움이 다른 감정으로 위장하고 있을 수 있기 때문이다. 분노, 비관주의, 냉소주의, 심지어는 지루함조차 두려움이 쓰고 있는 가면일 수 있다. 이런 감정을 특정한 사람한테나 상황 속에서 계속 느끼는가?

당신의 두려움은 위장한 채로 작동하고 있을 수 있다. '주는 대로 받고 속상해하지 마라'라는 #나쁜조언은 두려움을 숨긴다. 당신으로 하여금 두려움을 부인하게 만드니까. 당신의 용기는 그것을 바꾼다. 두려움으로부터 숨지 말고 두려움이 무너질 때까지 화끈하게 도전하라. 일단 두려움과 마주하면 그 뒤에 충족되지 않은 욕구가 숨어 있다는 사실에 호기심을 갖게 된다. 그리고 마침내 자신에게 이렇게 물을 수 있게 된다. '내게 필요한 게 뭐지?'

당신한테 필요한 게 뭔가? 질문에 답은 할 수 있나? 안정감이 필요한가? 흥미? 친밀감? 수용받는 기분? 유대감? 자신을 표현하고 싶은가? 인정받고 싶은가? 내게 필요한 게 뭐지? 당신의 욕구가 모습을 드러내면 다음 질문을 따라가라. '내가 이 욕구를 충족하고 있나? 만약 그렇다면 내가 선택한 방식이 긍정적인가, 부정적인가? 인생에 어떤 의미가 있나? 다른 사람에게 어떤 영향을 끼

치는가?' 욕구가 충족되었는지 어떻게 아느냐고? 욕구가 충족되면 끝내주는 기분이 된다. 당신이 모를 수가 없다.

관련 연구들은 우리의 욕구가 충족될 때 저마다 고유한 행복감을 만들어 낸다는 것을 보여 준다. '정말' 너무 기분이 좋아서 '극도의 행복감'을 느꼈던 최근 기억을 되짚어 보라. 그것이 무엇이든, 그 극도의 행복감에 도달하기 위해 당신이 한 행동이 욕구를 충족하는 방법이다. 어쩌면 성취의 순간 느꼈던 환상적인 감각을 기억할지도 모른다. 그 느낌이 성취를 이룰 때 당신의 욕구가 충족되는 경험이다. 장담하건대 그 순간에는 #나쁜조언을 따르지 않았을 것이다. '주는 대로 받고 속상해하지 마라'라는 말은 당신에게 어떤 긍정적인 느낌도 주지 않을 것이다. 그 조언을 듣는다면 단 하나의 욕구도 충족시키지 못할 테니까.

무엇보다 '주는 대로 받고 속상해하지 마라'라는 말은 #양날의검과 같은 성격을 지닌 #나쁜조언이다. 왜냐하면 당신의 욕구는 당신 자신에게만 머물러 있지 않기 때문이다. 최근의 연구는 사람들은 공동체 안에서 타인의 욕구가 함께 충족됐을 때 더 큰 행복감을 느낀다는 것을 보여 준다. 그러니까 타인의 욕구가 충족되도록 돕는 것도 당신의 또 다른 욕구라고 할 수 있다. #나쁜조언을 듣는 쪽만 자신의 느낌과 욕구에서 차단되는 것이 아니다. 이런 헛소리를 하고 다닌다면, 타인을 돕고자 하는 자신의 욕구 충족을 막는 것이나 다름없다.

성취감을 발견하고 욕구를 충족하는 것은 원맨쇼가 아니다.

그러니 다른 사람에게 문을 여는 걸 두려워하지 마라(진짜 문과 마음의 문 모두). 다른 사람들을 위해 문을 열어 주고 자신도 그들을 따라 그 문으로 들어갈 수 있다.

고통을 무시하는 것은
화재경보를 무시하는 것과 같다

우리는 온갖 종류의 응급 상황에 대비하려고 노력하면서, 감정 문제는 그렇게 하지 않는다. 화재경보, 비상구, 호텔 문에 붙은 비상대피도, 비행기 안전벨트의 복잡한 체계에 대해 안내를 받는 성인들처럼, 비상사태에 대한 우리의 집착을 생각하면 놀라움을 금할수 없다. 어딘가에 불이 붙으면 당신은 소화기를 건네받는다. 하지만 충족되지 않은 욕구 때문에 '당신'이 불타고 있을 때는 '주는 대로 받고 속상해하지 마라'라는 #나쁜조언을 건네받는다. 이대로는 안 된다. 이제 본인을 위해 다른 사람은 할 수 없는 일을 해야 한다. 제대로 화내는 법으로 자신을 무장하라.

느낌은 왔다가도 사라지지만
당신을 아끼는 사람들은 남아 있다

당신이 속상할 때 찾게 되는 사람은 누구인가? 감정의 119 전화를 받아 당신이 생각지 못한 모든 것을 알려 주는 사람은 누구인가? 누가 당신 자신을 전체적으로 조망할 수 있게 도와주는가? 도움이 되는 사람에게 기대는 걸 망설이지 마라. '주는 대로 받고 속상해하지 마라'라는 #나쁜조언은 당신의 욕구, 감정 그리고 '당신'이 다른 사람을 귀찮게 할 만큼 중요하지 않다고 생각하게 만든다.

그건 거짓이다. 당신은 강력한 지지자를 가질 권리가 있다. 도와 달라고 하면 도와줄 것이다. 어떻게 그렇게 확신하느냐고? 당신을 아끼는 사람들은… 문자 그대로 당신을 아끼는 사람들이니까. '당신'은 그들에게 중요하다. 필요하면 도움을 요청하라.

현실: 어디서나 가능한 입체 음향과 HD 화질

이제 욕구와 감정이 대단하다는 걸 알았을 것이다. 하지만 '즉각적인 고통 완화책'은 없을까? 어떻게 하면 자신이 속상하다는 걸 깨달은 다음, 파도치는 감정의 바다를 잠잠하게 만들 수 있을까? 분위기를 전환하고, 바깥에 나가고, 몸을 좀 움직이는 것만으로도 순간 기분이 나아진다는 건 말하지 않아도 알 것이다.

당장 고통받고 있는 사람에게 "걸어라!"라는 말은 분명 #한심한조언처럼 들릴지 모른다. 하지만 고통을 덜기 위해서는 왜 그렇게 해야 하는지 이유를 깨닫는 것보다 구체적으로 뭘 해야 하는지를 아는 것이 훨씬 중요하다. 당신은 자신의 행동에 의미를 부여할 수 있으며, 부여된 의미가 클수록 효과도 더 커진다.

내가 좋아하는 친구 한 명은 안정이 필요할 때마다 자신만의

코스로 자전거를 타는데, 다 타고 나면 거의 대부분 기분이 나아
진다고 한다. 친숙한 풍경, 자전거 탈 때의 신체 활동성, 움직이는
감각 모두가 고통의 순환 고리를 깨고 그녀가 에너지를 다시 찾
을 수 있게 도와준다.

'산림욕'은 일본에서 발달한 스트레스 완화법으로, 숲속의 호
젓한 장소를 찾아가 가만히 쉬는 것 말고는 특별할 것이 없다. 하
지만 '일부러' 아무것도 안 하는 것이 실제로는 많은 일을 한다.
연구들은 산림욕이 혈압과 스트레스 호르몬인 코르티솔cortisol의
수치를 낮춰 준다는 것을 보여 준다. '주는 대로 받고 속상해하지
마라'라는 #나쁜조언은 잊어버려라. 속상해하라! 그런 다음… 밖으
로 나가라.

위대한 노래는 영혼을 깨운다

음악은 좋은 약이 될 수 있다. 진지하게 하는 말이고, 과학도
그것을 증명한다. 다수의 연구들이 온화한 음악과 온화한 감정의
상관관계를 보여 준다. 느린 박자의 음악을 듣는 것으로 코르티솔
수치를 낮출 수 있으며, 수술한 환자들조차 음악을 들은 후 '육체
적' 고통이 감소되었다고 한다.

여기서 한 가지 분명히 해두고 싶은 것이 있다. 기분을 나아
지게 하기 위해서는 활기차게 걷거나 느리고 잔잔한 음악을 듣는
것 이상의 무언가가 필요하다는 것이다. 고통을 줄이는 것은 가능
해도 완전히 사라지게 할 순 없다.

그것은 어쩌면 다행한 일인지도 모른다. 정서적인 고통이 사라지지 않는 한, '필요한 걸 얻지 못했다'라는 중요한 메시지에 귀기울이게 될 테니까. 하지만 '주는 대로 받고 속상해하지 마라'라는 #나쁜조언이 당신의 요구를 차단하고 있을 때는 그 메시지가 들리지 않는다.

아무리 외롭다고 느껴도,
당신은 혼자가 아니다

'속상한 마음'은 변치 않는 상태가 아니며, 다른 감정들도 마찬가지다. 무엇을 어떻게 느끼는지는 늘 바뀌고 변한다. 하지만 만약 당신이 제대로 느끼지 못한다면? 자연스러운 감정의 흐름과 변화를 보이는 대신, 무감동하거나 변화가 없다면? 나는 우울depression을 정서적 리듬이 멈춰 있는 상태라고 표현한다.

의학적으로, 그리고 일반적으로 우리는 아직 우울을 완벽히 이해하지 못한다. 병적 우울증의 고통은 매우 커서 직접 경험하지 않고서는 설명하기 어렵다. 하지만 정신건강 커뮤니티(산업)가 정상적인 인간의 감정을 지나치게 병리화하는 바람에, 보통 사람들은 우울감과 병적인 우울증을 구별하는 데 어려움을 겪는다. 여기서 확실히 짚고 넘어가야 할 것은 우울증은 성격적 결함이나 나약함의 징후가 아니며 절대 혼자 감당할 문제도 아니라는 점이다.

만약 우울에 대한 이야기 중에 당신에게 와닿는 말이 있다면, 책을 내려놓고 당장 누군가에게 전화를 걸어 이야기를 나눠라. 나는 당신에 대해 모르지만, 이것만은 장담한다. 당신은 누군가에게 필요하고 사랑받는 존재다. 만약 그 고통이 견딜 수 없는 상태라면, 생명의 전화를 통해 언제든 누군가와 대화할 수 있다. 누군가에게 말한다는 생각 자체를 하기 힘들 수도 있다. 그런 경우라면 위기 문자 라인Crisis Text Line을 통해서도 도움을 받을 수 있다. 당신을 도와줄 수 있는 누군가가 응답할 것이다.*

결말을 모르는 이야기가
가장 좋은 이야기다

당신은 지속적으로 변화하고 움직이는 상태이다. 지각하지 못하는 사이, 세포가 분화하고 머리카락과 손톱이 자라며, 뇌는 엄청나게 빠른 전기 신호를 주고받는다. 세포의 분화, 머리카락과 손톱의 성장, 뇌의 정보 처리는 조용하고 눈에 띄지 않는 방식으로 이루어지기 때문에, 그것이 증명 가능한 사실이라 해도 지각하지는 못한다.

---

* 한국의 경우 자살예방상담전화 1393, 생명의 전화 1588-9191, 청소년 전화 1388 등에 전화하면 24시간 상담을 받을 수 있다.

그래서 당신은 지각이 가능한 감정을 통해 자신에 대한 정보를 얻는다. '주는 대로 받고 속상해하지 마라'라는 말은 자신의 느낌을 부인하게 만들고 진짜 내 모습을 온전히 바라보지 못하게 함으로써 자신에 대한 감각을 왜곡한다. 그것은 실시간으로나 자신에 대해 스스로에게 들려주는 이야기인 '개인 내러티브 personal narrative'가 진정한 자신의 모습을 반영하지 못한다는 것을 의미한다.

모든 사람은 긍정적인 자기 내러티브와 부정적인 자기 내러티브를 다 가지고 있으며, 우리는 매일, 온종일 내면의 내러티브를 듣는다. 그 내러티브는 일에 대한 부정적 생각, 독신인 상태에 대한 긍정적 생각, 더 가질 수 있을지 모른다며 안달복달하는 느낌 등 여러 가지를 담고 있을 수 있다.

당신의 감정과 욕구는 이러한 내러티브에 정보를 제공한다. 그래서 당신이 어떻게 느끼고 무엇이 필요한지 부인하면 진정한 자신의 모습을 가리게 된다. 필요한 걸 얻지 못했을 때 화내는 것은 진정한 자기 모습에 초점을 맞추게 해준다. 그러니까 속상해하라!

속상해하라. 감정은 인생을 변화시킬 수 있는 강한 기폭제가 될 것이다. 속상해하라. 개인 내러티브에 있어 가장 중요한 것은 당신이 변화하듯 내러티브도 늘 변한다는 점이다. 당신은 절대 고정된 존재가 아니다. 무엇을 느끼고 어떻게 느끼는지, 왜 느끼는지를 매 순간 정확히 알아채는 것이 어려울 수 있다. 하지만 절대로 두려워할 필요는 없다. 당신의 내러티브는 변화하는 가운데서도 변치 않는 '자신만의 고유함'을 유지할 것이다.

속상해하라. '주는 대로 받고 속상해하지 마라'라는 #나쁜조언에 복종하는 것은 자신의 내러티브를 통제할 권리를 포기하는 것과 같다. 그리고 그것은 궁전을 감옥으로 바꾸는 격이다.

모든 고난 너머에는
현재보다 더 위대한 당신 모습이 기다리고 있다

'역경을 넘어 별을 향해through adversity to the stars'라는 의미를 담은 라틴어 '페르 아스페라 아드 아스트라Per aspera ad astra'는 주로 전 세계의 경찰서, 도시, 소방서, 대학에서 많이 볼 수 있는 문구이다. 이 문구가 이런 집단에서 인기 있는 이유는 그것이 '인간이 가진 용기의 잠재력'을 떠올리게 하기 때문이다. 당신도 인간이니까 여기에 포함된다.

많은 자기계발서 저자와 사상가들은 독자 모두가 이미 완전한 깨달음을 얻은 초인이라고 가정하는 듯하다. '당신은 이미 두려움을 모르며 강력한 사람입니다. 단지 잊은 것일 뿐이죠. 제가 당신에게 상기시켜 줘서 다행이에요. (별말씀을.)' 이런 게 나를 미치고 팔짝 뛰게 만든다.

완전한 깨달음을 얻은 초인조차도 늘 기분이 좋을 수는 없다. 우리는 기분이 나빠도 괜찮을 뿐만 아니라, 때로는 필요한 걸 언기 위해 기분 나쁠 '필요'가 있다. 그래서 당신 안에 용기가 잠재해 있는 거다. 당신에게 필요하니까.

때로는 당신이 원하는 것을 얻지 못할 수도 있고, 원하는 것을 얻었다 해도 예상만큼 만족스럽지 못할 수도 있다. 내가 무엇을 느끼고 무엇을 필요로 하는지를 안다 해도, 원하는 것을 얻는 것은 어렵고 두렵고 고통스러울 수 있다. 하지만 당신은 두려운 상태에만 머물지는 않을 것이다.

충족되지 못한 욕구, 두려움, 고통을 부인하거나 거기서 도망치는 대신, 그것들을 모두 인정하고 받아들일 것이다. 당신은 두려움보다 더 큰 용기를 내기로 결단할 것이다. 두려움 너머에 있는 감정을 밝혀내고, 그 감정에 연결돼 있는 욕구를 따라갈 것이다. 당신은 어떻게 그런 감정과 욕구가 자신과 타인을 연결하는지 깨닫게 될 것이다. 부인할 수 없는 당신의 가치를 기억하게 될 것이다.

당신은 가치 있는 사람이다. 당신은 느끼는 것 하나하나의 욕구를 누릴 자격이 있으며, 모든 욕구는 만족시킬 만한 가치가 있다. 이것을 알게 되었으니, 당신은 자신만의 진리를 거머쥔 승자가 된 것이다. 당신의 느낌이 가진 진리. 욕구의 진리. 정체성의 진리. 그리고 물론 다음과 같은 #좋은조언이 주는 진리까지도.

 필요한 것을 얻지 못했다면
젠장, 차라리 속상한 게 낫다

#좋은조언

5

아무도 허락 없이
당신을 기분 나쁘게
할 수 없다

'아무도 허락 없이 당신을 기분 나쁘게 할 수 없다'는 바꿔 말하면, '당신이 고통스럽다면, 그건 온전히 당신 책임이다'라는 말이다. 이건 단순히 #나쁜조언이 아니라 #커다란거짓말이다.

'아무도 허락 없이 당신을 기분 나쁘게 할 수 없다'는 당신이 다른 사람의 말 때문에 상처받았을 때 주로 듣게 되는 #나쁜조언이다. 당신은 감정을 선택하고 고를 수 없다. 감정은 절대 허락을 구하지 않으니까.

하지만 이 #나쁜조언은 오직 당신이 '그렇게 하기로' 결정했기 때문에 모욕과 차별적 발언, 정서적 학대에 상처를 받는다고 가정한다. 다른 말로 하면 이렇다. 당신이 상처를 받는다면, 그건 당신이 멍청해서 그런 거다. '아무도 허락 없이 당신을 기분 나쁘게 할 수 없다'는 우리가 어릴 때 자주 듣는 '막대기와 돌로 내 뼈를 부러뜨릴 수 있지만, 말로는 절대 상처 줄 수 없다'라는 표현의 성인 버전인 셈이다.

그러나 이 #나쁜조언이 어떤 다양한 모습으로 본질을 속이든, 현실적으로 따져 보면 금방 말이 안 되는 소리라는 사실을 알 수 있다. 인터넷에서 자신을 창녀라고 욕하는 악플을 본 사람에게 그런 소리를 할 수 있는가? 자기 사물함에서 '호모새끼FAGGOT'라는 낙서를 발견한 게이 소년에게는 어떤가? '니그로N-word'•라고 불린 흑인에게는? 다른 사람들이 하는 말이 당신의 기분에 영향을 주지 못한다는 생각 자체가 말도 안 되는 헛소리다.

괴롭힘이라고는 한 번도 당한 적 없는 사람이나 "아무도 허락 없이 당신을 기분 나쁘게 할 수 없다"고 말할 수 있을 거다. 그리고 그건 말도 안 된다

'아무도 허락 없이 당신을 기분 나쁘게 할 수 없다'라는 표현은 심리학 용어로 '가스라이팅gaslighting'이라 불리는 일종의 학대이다. 가스라이팅은 문화적 차원과 대인 관계의 차원 모두에서 발생한

• 흑인을 제외한 사람들이 사용하는 것이 절대 금기시되는 흑인 비하 단어로, 저자도 직접적으로 쓰는 것을 피했다.

다. 그것은 선전 캠페인처럼 복잡하고 광범위할 수도, 학대 가해자가 간단히 사실을 부정하는 것처럼 무자비하게 단순할 수도 있다. "난 절대 때린 적 없어. 나는 절대 그런 말 한 적 없어. 그건 다 네가 머릿속에서 상상한 거야. 그건 가짜 뉴스야!"

가스라이팅은 교묘하게 계속되는 부인, 속임수, 기만이다. '가스라이팅'이라는 용어는 학대당한 여성이 등장하는 1938년 영국의 연극 〈가스 라이트Gas Light〉(1940년대에 두 편의 영화로도 제작됐다)에서 유래했다. 가스라이팅은 가장 암울한 방식으로 사람을 못살게 구는 행위로, 피해자로 하여금 자신의 기억, 현실, 분별력을 의심하게 만든다.

사람들에게 '아무도 허락 없이 당신을 기분 나쁘게 할 수 없다'고 말하는 것은 #나쁜조언이자 #커다란거짓말일 뿐만 아니라 모욕이기도 하다. 고통의 책임 역시 고통을 준 사람이 아닌, 고통받은 당신에게 있다는 말이니까. 고통은 당신 외부에 존재하지 않으므로, 진짜가 아니다. 고통은 전부 머릿속에 있고, 당신은 그중 하나를 골랐을 뿐이다.

막대기와 돌로 뼈를 부러뜨릴 수 있지만, 말로는 정말 심각한 손상을 입힌다

막대기, 돌, 부러진 뼈 따위가 대순가? 부러진 뼈는 회복된다. 하지만 뇌는 그렇지 못하다. 젠장, 정말 진지하게 하는 말이다. 언어 학대와 정서적 학대는 실제 뇌 손상을 초래한다. 뇌량corpus callosum은 우뇌와 좌뇌를 연결해 주는 촘촘한 신경 섬유 다발이다. 중학생 때 왕따를 당한 성인의 뇌를 스캔해 보면 뇌량이 제대로 발달하지 못한 것을 알 수 있다. 그들의 뇌는 제대로 연결된 상태가 아니었다.

그들은 불안, 우울, 화, 적대감, 단절, 약물 남용 등으로 고통받고 있었는데, 누구도 '가정에서 학대받은 경험'이 없었다. 심술궂은 몇몇 중학생 아이들의 잔인함은 뇌 손상을 야기하기에 충분했던 것이다. 장담하건대 이들 중 자신의 뇌를 조져도 된다고 허락한 사람은 한 명도 없을 것이다. '아무도 허락 없이 당신을 기분 나쁘게 할 수 없다'고? 그런 소리 할 거면 꺼져라.

다른 사람이 당신 기분에 영향을 주는 데 당신 책임은 없지만, 어떤 느낌을 받을지는 선택할 수 있다

'아무도 허락 없이 당신을 기분 나쁘게 할 수 없다'라는 말은 당신을 인간답게 해주는 바로 그 부분을 트집 잡는다. 문자 그대로 누구도 당신이 어떤 느낌을 가지도록 만들 수는 없다 해도, 당신이 경험하는 감정에 영향을 미치고 영감을 줄 수는 있기 때문이다. 이는 좋은 것이다. 서로 감정을 불러일으키는 능력은 타고난 것으로, 인류는 이 능력을 계속 계발해 왔다. 이는 생존을 위해 진화해 온 또 다른 적응 양식인 '협동'을 일으키는 기제이기도 하다.

인간 종으로서, 우리는 모두 사회적으로 감정적이며, 감정적으로 사회적이다. 그것이 인간을 진화의 성공 신화라고 부르는 이유다. (알았다, 성공 신화가 좀 그러면 성공이라고 부를 만한 '자격'이 있다는 정도로 해두자. 전쟁, 환경오염, 예쁜 아기 선발대회 따위로 점수를 잃었으니까.) 감정이 존재하는 데는 다 이유가 있다. 진화는 실수를 저지르는 법이 없다. 서로의 감정에 영향을 받는 것은 나약함의 표시나 성격상의 결함이 아니다. 화학적으로 서로 연결되도록 만들어졌기 때문이다.

그러한 화학적 연결 중 하나는 호르몬이자 신경전달물질인 옥시토신oxytocin을 통해 일어난다. 옥시토신은 관대함, 신뢰, 유대감 같은 감정을 북돋는다. 옥시토신은 육체적 치유까지도 촉진한다. 옥시토신의 주된 분비 유발 요인은 '타인'이다. 누군가를 껴안거나, 애정을 담아 만지거나, 섹스를 하거나, 심지어 다른 사람과 같이 웃을 때조차 뇌에서 옥시토신이 분비된다. 이렇게 사회적으로 긍정적인 역할을 하기 때문에 옥시토신은 종종 '사랑 호르몬'이라고 불린다. 그러나 그것은 정확한 표현이 아니다. 사랑만 옥시토신을 분비시키는 게 아니기 때문이다.

연구자들은 슬픔과 미움 같은 부정적 감정 역시 뇌에서 옥시토신 분비를 유발한다는 사실을 알아냈다. 그리고 소셜 미디어에서 이루어지는 사람들 간의 소통 역시 옥시토신 분비를 자극한다는 보고도 있다. 그러니 친구나 연인 사이를 이어 주는 강력한 화학 작용이, 불붙은 십자가 앞에 모인 백인우월주의 단체나 사이버 폭력을 저지르는 무리 안에서도 일어난다고 볼 수 있다. 당신을 백인우월주의자나 사이버 폭력범이라고 가정하지는 않았지만(혹시라도 그렇다면 당신은 이 책으로는 감당할 수 없는 문제를 가지고 있다), 당신이 누구와 소통하고, 그 관계에서 무엇을 느끼는지 인식할 필요가 있다.

'아무도 허락 없이 당신을 기분 나쁘게 할 수 없다'라고 하는 #나쁜조언을 따른다면 당신은 그런 자각에 이르지 못할 것이다. 왜냐하면 그 조언은 누구든지 서로의 기분에 영향을 줄 수 있다는 사실을 부정하기 때문이다. 그래서 그 말은 #나쁜조언이나 #커다란거짓말로 끝나지 않고 #위험한조언이 된다. 이 #나쁜조언이 그렇게 우릴 미치게 하고, 위험하며, 명백한 거짓이라면, 어째서 우리는 반복해서 이런 조언을 하는 것일까?

'아무도 허락 없이 당신을 기분 나쁘게 할 수 없다'라는 말이 지킬 수 없는 약속을 하면서 당신을 유혹하기 때문이다. 당신이 동의할 때만 다른 사람이 당신을 상처 입힐 수 있다는 생각을 믿도록 만들고, 감정적·심리적 차원을 넘어 '생물학적 차원의 진리'까지 부정한다. 이 세상에 존재하는 모든 사람과 마찬가지로 당신은 감정적·심리적·생물학적으로 주변 사람들과 연결되어 있다. 가끔은 그들로 인해 기분이 상할 것이다.

감정과 마찬가지로, 인생에서 갈등은 피할 수 없다. 그러니까

이 #나쁜조언은 당신에게 감정적 고통으로부터 숨을 장소를 약속하며 갈등을 피할 수 있다고 믿도록 사기를 치는 것이다.

허구적 갈등 vs. 구체적 갈등

우리는 갈등의 시대에 산다. 리얼리티 프로그램에서 한 나라의 정치에 이르기까지, '승리'와 '패배', '편 가르기'가 사상, 심지어 현실보다 더 중요하다. 낯선 사람과 온라인에서 설전을 벌이는 것이 비디오게임과 마찬가지라는 것을 부인할 사람은 없을 것이다. 이 모든 헛짓거리들이 결합해 내가 '카드보드 갈등Cardboard Conflict'이라고 부르는, 갈등 문화Conflict Culture의 최종 산물을 만든다.

카드보드와 마찬가지로, 카드보드 갈등은 저렴한 비용으로 쉽게 원하는 것을 만들고 재활용할 수 있다. 갈등이 언제나 나쁜 것도 아니다. 사람들은 갈등을 오락으로 선뜻 받아들인다(젠장, 갈등이 없으면 나도 TV에 못 나오잖아!). 갈등 없는 이야기는 너무 지루할 것이다. 미식축구 결승전에서 양 팀 선수들이 사이좋게 공을 주고받으며 경기하는 걸 보고 싶은 사람은 아무도 없을 것이다. 그러나 카드보드 갈등에서는 현실에서 맞닥뜨리는 '구체적 갈등'을 풀어낼 어떤 지침도 얻을 수 없다.

갈등 문화가 초래한 온갖 헛소리에 산 채로 파묻혀 있으면, 끊임없이 공격이 난무하는 갈등에 대한 생각에서 벗어나기가 어렵다. 아마도 어떻게 분노를 흉내 내는지는 배웠겠지만, 싸움에서 벗어나거나 사적인 관계에서 더 가까워지는 법에 대한 단서는 얻지 못했을 것이다. 살면서 겪게 되는 구체적인 갈등을 해결하는 법을 알지 못하면, 갈등으로부터 숨게 된다. 하지만 갈등으로 인해 생긴 감정은 남아 있다. 그래서 이를 씻어 낼 다른 방법을 찾으려 하는 것이다.

어쩌면 당신은 화를 내거나 부인할 수도 있고 카드보드 갈등 속에서 자신을 잊으려 할 수도 있다. 그렇다 해도 부끄러워할 필요는 없다. 갈등을 해결하기 위해 당신이 가진 지침이 '아무도 허락 없이 당신을 기분 나쁘게 할 수 없다'라고 하는 #나쁜조언뿐이라면, 스스로 갈등을 해결할 거라고 기대하기는 어렵다.

'갈등'이라는 단어에는 무겁고 부정적인 의미들이 담겨 있다. 개인적인 불화부터 모든 것을 날려 버리는 전쟁을 묘사하는 데까지 널리 사용된다. 하지만 야생 동물이건, 내게 상담을 받으러 온 커플이건, 핵무기의 크기와 힘을 가지고 싸우는 나라건 상관없이 둘 사이에 나타나는 갈등의 핵심 역동은 늘 같다. 갈등은 충족되지 않은 욕구의 결과다.

너무 많은 동물이 한꺼번에 물웅덩이에 나타나면 누군가는 목이 마른 채 돌아간다. 전 세계에 군사력으로 인정받고 싶은 북한의 욕구는 이를 반대하는 모든 이들의 욕구와 충돌한다. 이 장의 최종 원고를 원하는 편집자의 욕구는 드라마 〈왕좌의 게임〉을 몰아서 보려는 나의 욕구와 충돌했다.

이런 사례들을 통해 당신은 왜 갈등의 개념을 지난달, 지난주, 어쩌면 어제 당신이 느꼈던 분노, 좌절, 공격성과 결부시키는지 알게 되었을 것이다. 누군가 허락 없이 당신을 기분 나쁘게 하면 느꼈던 그 감정 말이다. 당신은 그들에게 허락한 적 없으며, 당신도 어떻게 해야 하는지 허락받을 필요가 없다.

갈등을 해결하고 기분이 나아지게 만드는 것은 당신에게 달렸다. 다른 누구도 할 수 없다. 내가 무슨 생각을 하고 무엇을 말할지, 어떻게 행동하고 모두에게 어떻게 대응할지는 당신의 결정에 달려 있다. 이 사실이 내가 해주는 #좋은조언으로 연결된다.

당신은 타고난 보스이다
#좋은조언

진심이다. 당신은 타고난 보스boss다. 모든 일에 보스는 아닐지라도, 당신은 '언제나' 자기 자신의 보스다. 자신의 보스가 되는 일은 평생의 역할이라고 할 수 있다. 당신만큼 그 자리에 적합한 사람은 지구상에 없을 것이다. 당신의 마음, 정신, 신체의 모든 요소와 과정들은 단 하나의 목적을 가진 조직체를 형성한다. 그 목적은 '당신과 다른 이들의 존재를 만들어 내고 유지하는 것'이다. 감정, 생각, 욕구는 모두 궁극적으로 '당신'을 위해 존재한다. 당신이 그 조직의 보스다. 당신이 보스이며, 바로 그것이 당신 일이다.

인생의 생산 라인에서 갈등이 발생했는데 보스가 숨어 있을 순 없다. 갈등을 무시한 채, 사라지기만 바랄 수 없다. 누가 대신 바로잡아 주기를 기다릴 수도 없다. 당신에게 바로잡을 책임이 있기 때문이다. 보스는 '아무도 허락 없이 당신을 기분 나쁘게 할 수 없다'는 말이 거짓말이라는 사실을 알고 있다. 갈등이 먼저 허락을 구하고 생기는 경우는 절대 없으니까. 그리고 보스도 해결하겠다고 허락을 구하지 않는다.

보스는 갈등을 피하지 않는다
갈등은 기회니까

보스로서 당신은 다른 누구보다 자기 사업을 잘 안다. 그래서 다른 사람이 기분을 나쁘게 만들어도 그 사람과의 갈등을 나타내는 신호로 이해하지, 당신이 망친 거라고 생각하지 않는다. 모든 갈등 이면에 충족되지 않은 욕구의 충돌이 있다는 걸 안다면, 다음에 뭘 해야 할지도 알 것이다. 당신의 욕구와 감정을 살펴라. 당신은 보스이다. 그러니 상황 보고서를 요구하라.

'지금 내 기분이 어떻지? 누가 혹은 무엇이 내 기분을 이렇게 만들었지? 왜 만족스럽지 못하지? 바꾸기 위해 난 뭘 할 수 있지? 내게 필요한 건 뭐지?'

갈등은 누구에게나 마음 상하는 일이지만, 당신과 같은 보스만이 찾을 수 있는 한 가지가 있다. 바로 '동기'다. 보스는 갈등을 피하는 것이 기회를 피하는 것과 마찬가지라는 사실을 안다. 모든 갈등은 기회를 제공하기 때문이다. 당신은 갈등을 직면하고 해결하는 것 이상으로, 동기부여 능력을 가지고 있다.

그러니 이제 이렇게 상상해 보자. 당신은 자신이라는 기업의 보스다. 멋진 사무실, 인체공학 의자에 앉아 '역대급 보스'라고 적힌 머그잔으로 공정무역 유기농 차이라테를 홀짝거리고 있다. 그때 문자 하나를 받는다. '보스, 누군가 당신 기분을 망쳐 놨습니다. 어떻게 하실 건가요?' 이는 현실에서는 '기분 나쁨'이라 불리는 정서적 고통의 형태를 취한다. 그렇다면 자신에게 약간의 정서적 위안을 주는 것으로 갈등 해소를 시작할 수 있을 것이다.

여기서 '아무도 허락 없이 당신을 기분 나쁘게 할 수 없다'라는 말은 쓸모가 없다. 아무도 당신의 기분에 영향을 미치는 데 허락을 구하지 않기 때문이다. 다행히 당신도 잠시 시간을 가지는 데 누구의 허락도 필요하지 않다.

안 좋은 기분이 든다면
잠시 시간을 갖고 하던 일을 살펴라

지혜는 예기치 않았던 메신저와 함께 도착하는 습성이 있다. 내가 여태까지 받은 최고의 조언은 헤로인에 중독된 '베프' 언니가 해준 말이었다. 델피 신탁의 사제처럼, 하얀 연기를 들이마신 뒤 지혜의 말을 내뱉는 모습을 떠올려 보라(알림: 내 조언은 헤로인이나 하얀 연기의 도움 없이 말짱한 정신에서 나온 것임).

십 대 후반과 이십 대에 나는 세상을 향한 분노와 열정으로 가득 차 있었다. 하지만 그 분노와 열정의 밑바닥에는 깊은 무력감이 자리 잡고 있었다. 다른 사람들과 나의 감정에 휘둘린다고 느꼈고, 누군가가 나를 기분 나쁘게 만들면 어떻게 대처해야 할지 몰랐다. 나는 갈등을 해소할 수 없었기 때문에 무력감을 느꼈다. 갈등 상황에서 힘을 되찾겠다고 했던 행동들은 극단적이거나, 끔찍하거나, 바보 같거나, 아니면 이들 셋을 다 합친 것 같았다.

그런 행동을 하고 나면 거지 같은 일이 닥쳐와 다시 무력감에 빠졌다. 그래서 또 생각 없이 행동하고, 또 거지 같은 일이 닥치고, 악순환의 연속이었다. 당시 나는 부글부글 끓어오르는 분노에 사로잡혀 어딘가에 수류탄이라도 던지고 싶은 심정이었다. 그때 언니가 내게 이런 얘길 해주었다.

"사람들이 너한테 뭐라고 하면 바로 받아쳐야 할 것처럼 느껴지겠지만, 네가 원하는 만큼 충분히 시간을 가져도 괜찮아. 네 삶의 시간은 네 것이니까."

그런 다음 언니는 이제 내가 당신에게 해주려는 이 말을 했다. "네가 보스야. 그러니까 네가 적절한 시기라는 생각이 들 때 대답하면 되는 거야." 당신이 확신할 수 없을 때, 뭘 해야 할지 모를 때, 너무 속이 상해서 주변에서 벌어지는 일을 처리할 수 없을 때, '기분 나쁘게 만드는' 어떤 #나쁜조언도 따르지 마라. 대신 잠시 시간을 가져라.

잠시 시간을 갖는 것은 '자기 진정self-soothing'으로 시작한다. 자기 자신에게 위로의 말을 해주는 것이다. 필요하다면 자신을 안심시켜라. 당신은 자기의 관점을 발견하고 조정할 시간과 거리가 필요하다. 시간과 거리를 자신에게 허락하고, 갈등에서 한 걸음 물러나라. 내가 "도망쳐라"라고 하지 않고 "한 걸음 물러나라"라고 한 것에 주목하라. 당신은 갈등을 피하는 것이 아니라 자신에게 필요한 공간을 내어 주는 것이다. 한 걸음 물러나는 것은 도망치는 게 아니다.

그러니 당신을 열 받게 만든 또라이를 날려 버릴 핵폭탄 문자의 '보내기' 버튼 위에서 손가락이 맴돌고 있다면… 잠깐 시간을 가져라. 진정하라. 하루 동안 시간을 가진 후 여전히 그 문자를 보내고 싶은지 생각하라(답이 '그렇다'이면 시간을 하루 더 가져라). 이런 행동을 일방적으로 연락을 끊고 사라지는 '고스팅ghosting'이나 침묵으로 상대방을 무시하는 방식의 수동 공격과 혼동해서는 안 된다.

당신은 보스다. 당신은 그들보다 나은 사람이다. 누군가에게 "더 좋은 관점을 얻기 위해 생각할 여유가 필요하니까 좀 기다려 줘"라고 말하는 것은 능동적인 것이다. 당신은 보스이므로 잠시 시간을 갖고 한 걸음 물러날 권리가 있다. 그리고 보스는 물러설 때뿐 아니라 돌아올 때 역시 알고 있다.

갈등을 피하면
더 많은 갈등이 생긴다

우리는 고통과 불편함을 피하고 싶어 한다. 그래서 물러났다가 다시 돌아온다는 것이 잘 납득되지 않을 수도 있다. 이는 많은 사람이 갈등이 생기면 반사적으로 피하는 이유이기도 하다. 하지만 보스는 갈등을 피하면 더 많은 갈등이 생긴다는 걸 안다. 그래서 차분해지면 갈등 상황으로 다시 돌아온다.

물러났다가 돌아오기는 대화로 시작된다. 다른 사람에게 당신이 협조적으로 해법을 찾고 싶어 한다는 걸 알려라. 갈등을 겪는 동안에는 의사소통이 겉돌기가 쉽다. 양쪽 모두 불편과 고통을 피할 방법을 찾고 있기 때문이다. 모두가 두렵다. 보스만 빼고.

보스는 갈등을 두려워하지 않는다. 보스는 이러한 종류의 대화는 '발굴'이라는 사실을 알고 있다. 처음엔 회피하고 싶은 충동이 생길지도 모르지만, 갈등을 해결하는 방법은 터놓고 얘기하는 것뿐이다. 당신은 계속 파 내려가야 한다. 갈등 밑 어딘가에 해법이 파묻혀 있다.

그 과정이 항상 쉽지는 않을 것이다. 늘 유쾌하지만도 않을 것이다. 때론 정말 고통스럽다. 하지만 나는 당신이 감당할 수 있다는 걸 안다. 당신은 보스니까. 계속 대화를 나누다 보면 해법을 찾게 될 것이다. 보스의 출퇴근 시간은 누군가가 정해 주는 것이 아니다. 물러났다가 돌아오기를 반복하는 한이 있어도 대화는 멈추지 마라. 단, 그들이 정말로 당신 말을 듣고 있는지는 확인하라. 왜냐하면⋯ 상상 속 논쟁에서 이기기는 쉬우니까.

혹시 논쟁하면서 상대방을 완전히 '조져 놓은' 경험이 있나? 법정 드라마에서 검사가 눈물이 그렁그렁한 피의자를 몰아붙일 때처럼. '단지 논쟁에서 이기는 게 아니라 철저히 무너뜨리는 상황' 말이다. 그래, 나도 그렇게 해본 적 없다.

하지만⋯ 상상 속에서는? 이것이 바로 내가 '감정의 섀도복싱'이라고 부르는 덫이다. 머릿속으로 설전을 벌이거나 시원하게 꺼지라고 욕해 주는 것을 상상하는 순간, 당신은 감정의 섀도복싱을 하고 있는 중이다. 이는 당신이 이미 진실이라고 믿는 것들을 강화한다. 분노든, 좌절이든, 부정적 감정이든 당신은 그것을 정당화하고 지지할 방법을 찾을 것이다. 심리학에서는 이것을 '확증편향confirmation bias'이라고 부른다. 꼭 해야 할 말을 놓쳤다고 해도 준비가 되면 다시 기회는 올 것이다. 보스가 항상 옳은 것은 아니라는 사실을 기억하는 한, 당신이 그 기회를 만들 수 있다.

누군가와 논쟁을 벌일 때, 당신이 '옳다'는 것이 중요한가? 그 싸움에서 '이겨야' 하는가? 만약 당신이 '옳다'면, 그것이 당신이 '선'이라는 걸 의미하는가? 그렇다면 당신과 갈등하는 사람은 '악'인가? 하나 더 묻자면, 최근에 '옳다'는 사실 덕분에 뭔가를 얻은 기억이 있나?

아무리 꼼꼼하게 인간 역사를 뒤져 봐도 '옳다'는 사실만 가지고 누군가와 섹스한 사례는 단 하나도 찾질 못했다. 그리고 갈등이 학대나 해로운 역기능에서 비롯되지 않는 한, 누가 '틀리고' 누가 '옳은지' 판가름하는 건 불가능하다. 내가 옳기 위해서는 상대에게 비난의 화살을 날릴 수밖에 없고, 상대를 비난할 때 우리는 책임과 권력을 그들에게 내어 주게 된다.

옳아야 한다는 생각을 버려라. 그러면 당신은 곧 그 상황에서 가장 똑똑한 선택을 한 사람이 될 것이다. 보스는 갈등이 선과 악의 결투가 아니라 욕구의 충돌이라는 사실을 안다. 그래서 보스로서 '갈등의 해결을 위해 협상하는' 당신의 역할이 중요하다. 내가 하는 말은 도널드 트럼프의《거래의 기술Art of the Deal》이나 로버트 그린Robert Greene의 《권력의 법칙The 48 Laws of Power》에 나오는 헛소리가 아니다. 공감에 기반을 둔 진짜 협상을 말하는 거다.

좋은 협상은
당신이 끝내고 싶은 곳에서 시작한다

당신이 보스라면 공감을 위해 나 자신이나 갈등 중에 있는 상대에게 허락을 구하지 않을 것이다. 지혜가 있으면 갈등에 바로 접근할 수 있다. 자신이 객관적이라고 생각한다면("저 사람이 왜 저럴까?"라는 질문에 "또라이니까!"라고 답하지 않는다면) 스스로 이렇게 물어보라.

'상대방이 필요하지만 얻지 못하고 있는 게 뭘까? 얻는 걸 방

해하는 요소는 뭐지? 이런 상황이 그들에게는 어떻게 느껴질까?'

다른 사람의 현실을 이해하기 위해 자신의 고통을 완전히 덮을 필요는 없다. 갈등 상대에게 공감할 수 있는 능력은 상황을 재구성할 수 있도록 해준다. 물론 그 사람이 당신 기분을 나쁘게 했다는 사실은 변치 않는다. 하지만 그들은 정말 당신에게 상처 주길 원했을까? 욕구를 충족하려다 망쳐 버린 건 아닐까? 이것이 당신에게 준 상처를 정당화할 수는 없겠지만, '왜' 그런 일이 벌어졌는지는 이해할 수 있게 해준다.

공감하기 전까지 당신은 보스답게 협상할 수 없을 것이다. 공감하기 위해서는, 상대의 입장에서 나의 갈등이 어떻게 보이는지 알 수 있을 정도로 자신의 감정을 분리해야 한다. 바라는 것을 얻지 못한 건 갈등 상대도 마찬가지다. 당신이 그의 욕구 충족을 돕고 싶어 한다는 걸 안다면, 대립이 아닌 협력의 단계로 나아갈 수 있다. 보스는 "필요한 게 뭔지 말씀해 보시죠. 들어드리고 싶습니다"라는 말로 협상의 장을 연다.

양측 모두 실망한 채로 협상 테이블을 떠나야 좋은 협상이라는 상투적인 표현이 있다. 이 말은 #나쁜조언까지는 아니더라도 #실망스러운조언이라 할 수 있을 것이다. 좋은 협상은 양쪽 모두가 '만족스럽게' 떠나는 것이다. '만족스러운' 상태는 원하는 모든 것이 아니라 필요한 모든 것을 얻었다는 뜻이다. 갈등 상황에서 협상할 때 필요한 것을 얻기 위해서는 보통 당신이 원하는 것들 중 하나 이상을 포기해야 한다.

필요한 것과 원하는 것을 구분하는 일이 늘 간단하지는 않지만, 다음과 같은 질문들에 답하는 것으로 시작할 수 있다. '이 갈등 상황에 머물러 있는 것이 원하는 것을 포기하는 것보다 더 나쁜가?' 대답이 '아니오'라고 하더라도 괜찮다. 그래서 누군가 '협상 불가'라는 용어를 만들어 낸 거다. 하지만 대답이 '그렇다'라면, 그때가 바로 보스다운 행동, '뭔가를 먼저 제안하는 사람'으로서의 태도를 보여 줄 때다.

스테파니라는 내담자는 남자 친구인 조시가 다른 여성의 SNS에 꾸준히 '좋아요'를 누르는 것이 거슬린다고 말했다. 조시는 바로 보스다운 반응을 보였다.

"네가 그렇게 느끼는지 몰랐어. 그 여자들한테 끌렸던 게 아니야. 그냥 아무 생각 없이 화면을 올리면서 '좋아요'를 눌렀어. 네가 그렇게 느꼈다니, 앞으로는 안 그럴게."

이 방법이 모든 커플에게 적용될 수는 없겠지만, 적어도 이들에게는 효과가 있었다. 조시에겐 SNS에 '좋아요'를 누르는 것보다 스테파니의 행복과 마음의 안정이 더 중요했다. (거듭 말하지만 모두에게 통한다는 건 아니다.) 조시는 먼저 포기할 준비가 되어 있었기에 보스라 할 수 있다.

협상하기 전에 허락을 구할 필요는 없지만, 모두가 원하는 것이 무엇인지는 확실히 알아 두어야 한다. 당신이 내린 가정에 현실을 끼워 맞추려 하지 마라. 대화를 나누며 그들이 만족하는 방식으로 당신이 갈등을 해결하고 싶어 한다는 사실을 확실히 알려라. 서로 통한다는 느낌이 들면, 보스 대 보스로 협상을 시작할 때가 된 것이다.

공감에 기반을 둔 협력적 협상은 '역설계reverse-engineering' 프로젝트이다. 뭔가를 포기하면서도 여전히 만족스러운, 행복한 중간 지점을 찾아라. 그런 뒤 거기서부터 차근차근, 한 단계씩 거꾸로 올라가라. 그렇게 하고 나면 나아갈 길이 보일 것이다.

아, 그런데 이 과정에서 당신이 원하는 것, 필요한 것, 기꺼이 포기할 수 있는 것 등은 변할 수 있다. 그래도 괜찮다. 협상은 변화무쌍한 과정이다. 갈등의 시작과 해결, 그 사이에는 많은 것들이 바뀔 수 있다. 나도 변하고, 남도 변하고, 관계도 변하고, 갈등 그 자체, 심지어 해결책까지도 변한다.

갈등은 관계, 때로 더 나은 관계를 위한 가장 큰 변화 요인 중 하나이다. 최고의 친구는 평탄한 상황이 아닌, 함께 갈등을 해결하는 상황 속에서 만들어진다. 하지만 이러한 전 과정을 통틀어 변하지 않는 한 가지는 바로 '당신이 보스'라는 사실이다.

앞서 협상 대상의 예외로 학대나 다른 해악 행동에서 비롯된 갈등을 언급했었다. 하지만 그런 유해한 갈등이 당신의 삶으로 기어들어 온다면, 그 또한 해결해야 한다. 누군가 욕구를 충족하는 유일한 방법이 당신을 상처 입히는 것이라면, 그것은 협상이 불가능한 갈등이다. 하지만 '협상 불가능'이 곧 해결 불가능을 의미하는 것은 아니다.

해롭고 협상이 불가능한 갈등에서 당신이 할 수 있는 유일한 일은 물러설 의지가 없는 불량 직원에 대한 보스의 대응책과 같다. "당장 꺼져!"라고 말하는 것이다. 직장이고 우정이고 인간관계고 뭐고 다 필요 없고 거기서 떨어져라. 학대에서 벗어나기 위해 허락을 구할 필요는 전혀 없다. 누구도 당신 허락을 구하고 학대한 적 없으니까. 보스는 개의치 않는다.

용서: 우리가 취할 수 있는
가장 자기 충족적인 이타적 행동

협상을 통해 갈등을 해결하든, 물러나는 것으로 해결하든 상관없이 잔인한 단계가 남아 있다. 그것은 당신 자신의 허락이 필요한 #좋은조언이다. 갈등했던 상대와 나 자신을 용서하는 것에 대해 스스로에게 허락을 구하라. 용서는 상대의 잘못을 수용한다는 의미도 아니고, 어떻게 되어도 '다 괜찮다'는 메시지를 보내려는 것도 아니다. 용서는 당신이 상처를 치유하는 데 전념한다는 증명이다. 용서를 통해 당신은 에너지가 향하는 방향을 상처를 들쑤시는 데서 치유하는 데로 돌릴 수 있을 것이다.

용서에 대한 과학적 연구를 모른다면, 이런 얘기가 뉴에이지 사상에 심취한 히피나 할 법한 헛소리로 들릴 것이다. 하지만 과학적 데이터들은 용서가 신체적·정신적·정서적 건강의 향상과 관련이 있다고 말한다. 그래서 용서는 받는 상대보다 하는 당신에게 더 큰 의미가 있다.

'아무도 허락 없이 당신을 기분 나쁘게 할 수 없다'는 #나쁜조
언은 용서와 공존할 수 없다. 용서는 상처받았다는 사실을 인지했
을 때만 일어난다. '아무도 허락 없이 당신을 기분 나쁘게 할 수 없
다'라는 말은 당신이 용서해야 할 게 있다는 사실조차 부인한다.

솔직히 용서하기까지는 시간이 걸릴 수 있다. 갈등했던 상대
를 용서할 준비가 되는 데 아주 오~~~랜 시간이 걸릴지도 모른
다. 그래도 괜찮다. 언젠가는 준비가 될 테니까. 용서에 시동을 걸
필요가 있을 때 다시 펼쳐 볼 수 있도록, 이 페이지에 포스트잇을
붙여 두라(보스는 도움을 구해야 하는 때가 언제인지 알고 있다).

'놓아 주기'는 기분이 나쁜 것처럼 일종의 정서다. 그래서 (나
자신을 포함해) 누군가의 허락을 구할 필요가 없는 것이다. 하지만
놓아 주기를 삶으로 초대하겠다고 결심할 수는 있다. 지속적으로
공감을 발휘하고, 나를 표현하고, 신뢰하는 사람들과 만나 마음을
털어놓는다면… 결국 당신은 '놓아 주게' 될 것이다. 그 놓아 주는
느낌('치유'라고도 부르는)을 통해 고통은 사그라지고 당신은 용서
할 준비를 하게 된다.

그러고 나면 마지막으로 해야 할 일이 하나 있다. 당신에게 상
처 준 사람에게 용서한다고 말하라. 실제로 소리 내어 "나는 당신을
용서한다"라고 말해야 한다. 용서해야 할 사람과 관계가 완전히
끊어진 상태라면, 혼자서라도 하라. 무언가를 소리 내어 말하면
이루어진다. 그것은 정서적인 차원에서 하는 서명이다. 당신은 보

스로서 이와 같은 중요 사안을 공식화할 책임이 있다.

그리고 다른 사람이 허락 없이 당신 기분을 망칠 수 있는 것처럼, 기분이 좋아지게 할 수도 있다. 그러니 누군가 상처 주거나 당신을 화나게 해 마음이 힘들다면, 기분을 좋게 해주는 사람을 만나라. 모든 짐을 보스 혼자 짊어질 필요는 없다. 다른 사람의 도움을 받아라. 당신이 어떻게 느끼는지 표현하라. 몸 바쳐 용서하라. 그러면 결국 놓아 주게 될 것이다. 그냥 그렇게 될 것이다.

보스는 쓰레기를 제대로 치운다

보스는 쓰레기를 제대로 치운다. 사무실에 쓰레기를 퍼질러 놓을 수 없듯 헤드오피스Head Office, 머릿속도 마찬가지다. 머릿속에 가득 찬, 고통스럽고 부정적인 감정들을 '내보내야' 한다. 당신은 그 감정들을 표현해야 한다. 상처 준 사람에게 편지를 쓰는 것이 최선의 방법이라고 말하지만, 명심해야 할 것이 하나 있다. 이런 편지 쓰기는 감정적 섀도복싱의 일종이라는 것이다. 당신은 머릿속으로(실제로는 지면상으로) 그 사람과 대화를 나누는 것이다.

차이가 있다면, 당신의 의도이다. 당신이 이런 편지를 쓰는 이유는 어떻게 느끼는지를 표현하기 위함이지 대결에서 '승리'하거나 자신이 '옳다'고 느끼기 위해서가 아니다. 당신의 감정에 초점을 맞춰라. 피해자 코스프레를 하거나 상대방을 악당으로 만들어 비난하는 것은 도움이 되지 않는다. 갈등으로 인해 생긴 여러 감정마다 각각 편지를 쓰라. 그렇게 하면 좀 더 자신에게 집중해 이러한 과정을 수행할 수 있을 것이다. 감정에 따라 그에 어울리는 편지지를 고를 수도 있다.

감정에 초점을 맞추면 자신의 인식을 현실적으로 따져 보게 된다. 내 경험에 따르면, 편지에 썼던 그 어떤 말도 실제 그 편지의 대상과 대화를 나눌 때는 튀어나오지 않았다. 내 감정은 진짜였지만, 내가 해결해야 하는 것이었다. 감정을 표현하는 것은 협상 테이블을 들여놓을 수 있도록 당신의 헤드오피스를 깨끗하게 정돈하는 것과 같다.

당신 인생은 독점적이고, 한정적이며, 단 한 번만 참여할 수 있다
그리고 참여할 수 있는 유일한 사람은 당신이다
당신이 보스니까

'아무도 허락 없이 당신을 기분 나쁘게 할 수 없다'라는 말은 뭐라도 되는 양 행세하고 있지만, 사실은 미끼를 내세운 사기일 뿐이다. 당신이 힘이 없는데도 힘이 있다고 생각하게 하고, 다른 사람이 당신의 감정에 영향을 주는 방식을 통제할 수 있다고 속이며, 부인을 통해 갈등을 피할 수 있다고 착각하게 만든다. 또한 진짜 내가 누구인지 알 수 없도록 속이기도 한다.

당신은 갈등이 초래할 수 있는 두려움과 고통을 직시하는 두뇌, 기개, 창의성을 가진 사람이다. 자신의 감정과 현실을 부정하지 않으면서도 상처 준 사람에게 공감하고 그들을 이해할 수 있다. 그렇기 때문에 당신은 갈등 속에서 기회와 성장 가능성을 이끌어 낼 수 있다. 이 모든 것이 사실임을 아는 이유는 당신이 '진정한 보스'이기 때문이다. 누구의 보스냐고? 바로 당신 자신의.

신체, 정신, 감정은 모두 당신만을 위해 작동하는 거대하고 복잡한 시스템의 부품이다. 이 시스템은 단 하나의 목적, '자신이 원하는 인생 창조하기'를 위해 설계되었다. 나 자신의 보스가 된다는 것은 어떤 의미일까? 당신은 살면서 하게 될 모든 결정의 보스이며, 자기 운명의 보스이며, 자기 인생의 보스이다. 언제나 그래 왔으며 앞으로도 그럴 것이다. 당신은 타고난 보스이다.

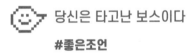 당신은 타고난 보스이다

#좋은조언

6

정직이
최선의 방책이다

진짜? 그게 가능하단 말인가? 필터를 사용한 SNS 사진과 가짜 뉴스들 사이에서 정직함을 읽어 낼 수 있다고? 당신이 인간이라면 서로 속고 속이며 살아왔다는 것은 명백한 사실이다. 나를 포함해, 지구상에 존재하는 모든 사람에게 해당하는 얘기다. '정직이 최선의 방책이다'라는 말은 #나쁜조언이다. 이 말은 설교적이고 판단적일 뿐 아니라 정직하지 못하다. 세상은 거짓으로 가득 차 있기 때문이다.

　당신이 이 장을 읽기 시작하고 몇 초 지나지 않았는데도 그사이 사람들이 한 거짓말은 다음과 같다. 취리히에 사는 한 소년이 방금 초코바를 먹어 놓고 엄마에게 안 먹었다고 말했다. 샌타모니카의 한 정보 분석가는 노숙자에게 잔돈이 없다고 했다. 뭄바이의 한 남성은 이력서를 부풀려 썼다. 보스턴의 한 여성은 방금 오르가슴을 느꼈단다. 내가 – 절대 – 즉석에서 – 지어냈을 – 리가 – 없는 이 예시들을 믿지 못하겠다면, 또 다른 수단이 있다. 바로 과학이다!

1970년대에 진행된 연구에 따르면 평범한 사람은 하루에 대략 200번의 거짓말을 한다고 한다. 그땐 1970년대라 디스코를 추며 정신 나간 헛소리를 지껄인 거겠지. 21세기를 사는 우리는 그렇게까지 거짓말하지 않는다. 그렇지 않은가? 땡, 틀렸다.

최근 데이터에 따르면 사람들은 대화를 나누는 동안 10분에 한 번씩 서로에게 거짓말한다고 한다. 온라인 채팅을 할 때는, 평균적으로 15분마다 거짓말한다는 연구도 있다. (헛소리도 타이핑하는 것보다 말이 빠를 테니까.) 구체적 데이터는 연구마다 다르겠지만, 거짓을 말하진 않는다. 거짓말하는 건 우리다.

모두가 그렇게 거짓말하는 상황에서 '정직이 최선의 방책이다'가 열심히 따라야 할 #좋은조언이 될 수 없는 이유는 뭘까? 그것은 거짓말이 인간의 결함이 아니기 때문이다. 거짓말은 기만 행위의 하나로, 생존이 위협받는 상황에서 살아남기 위해 진화한 능력이다. 그리고 속임수는 인간의 전유물도 아니다.

진실과 속임수 둘 다 우리를 뭉치게 해준다

동물들은 먹기 위해 또는 먹히지 않기 위해 죽은 척을 한다. 다친

척하거나, 실제보다 더 또는 덜 위험한 척하거나, 다른 크기로 보이려고 한다.

나비가 날개로 '가짜 얼굴false face'을 만들어 포식자를 교란시킨다고 해서 거짓말쟁이라고 비난하지 않을 것이다. 그저 한 마리의 아름다운 나비일 뿐. 당신은 그 나비의 사진을 찍어 SNS에 올릴 것이다(#나비스타그램). 흉내문어mimic octopus가 독이 있는 바다뱀처럼 보이도록 모양과 색을 바꾸면 "우와!"라고 하지, "헐, 어디서 사기를 치냐, 이 사기꾼 자식!"이라고 하지 않는다. 고릴라, 물고기, 새, 심지어 난초까지 속임수를 쓴다.

수화할 줄 아는 고릴라 코코Koko를 기억하는가? 코코가 새끼 고양이를 진짜 자기 아기처럼 보살폈던 것도 기억하는가? 그런데 코코가 벽에서 싱크대가 떨어진 걸 새끼 고양이의 탓으로 돌린 적이 있다. 코코는 분명 똑똑한 유인원이었지만, 거짓말과 부모 노릇에는 소질이 없었다. 코코의 거짓말이 앞의 다른 사례들과 비교해 나빠 보이는 이유가 뭘까? 치명적 위험 앞에서는 속임수가 정당화될 수 있어도, 잘못을 감추기 위한 변명으로는 타당하지 않기 때문이다.

인간도 마찬가지다. 나치가 유태인이 어디 숨었는지 물었을 때 '정직이 최선의 방책이다'라고 생각한 사람은 악마 아니면 바보일 것이다. 그리고 또라이나 멍청이만이 할머니가 보내 주신 스웨터를 받고 촌스럽다고 정직하게 말할 것이다. 비극적인 상황을 막기 위한 속임수가 필요할 때, 정직은 최선의 방책이 될 수 없다.

속임수는 음모의 증상이거나
협동의 징후이다

아무도 거짓말하지 않는다면, 인간 문명은 산산이 부서질 것이다. 우리는 사회적 유대를 보호하기 위해 속임수를 사용하는데, 사회적 유대는 우리가 생존하고 번성하기 위한 방책이다. 사회적 유대는 협동을 가능하게 한다. 협동은 피라미드 건설, 달 착륙, 추천인 할인코드 공유 같은 멋진 일들을 가능하게 해준다.

《우리는 왜 거짓말을 하는가: 속임수와 무의식의 진화적 뿌리 Why We Lie: The Evolutionary Roots of Deception and the Unconscious Mind》(2004)의 저자 데이비드 리빙스턴 스미스David Livingstone Smith 박사는 내게 다음과 같이 말했다.

"거짓말이 나쁘다는 메시지는 솔직히 말하면 한심한 소립니다. 우리는 도덕적 가치를 따질 때, '착한' 거짓말과 '나쁜' 거짓말을 구분하죠. 그리고 거짓말이 '무조건 나쁘다'는 근거 없는 믿음이 주변에 만연해 있을 때는 그것을 구분하기가 매우 어렵습니다."

그러면 정직이 최선의 방책이 아닐 때는 언제인가? 언제 거짓말이 옳은 일이 될 수 있을까? 정답: 거짓을 말하거나 진실을 감추는 것이 무고한 사람에게 도움이 될 때. 그래서 우리는 연말 파티에 동료가 직접 구워 온 맛없는 쿠키를 칭찬한다. 또한 아이가 서툰 바이올린 솜씨로 동요를 연주했을 때 박수를 쳐준다.

좀 더 거창한 예가 필요한가? 제3차 세계대전은 어떤가? 쿠

바 미사일 위기 당시, 존 F. 케네디John F. Kennedy 대통령은 미국이 구소련에 강경 노선을 취하고 있다고 믿도록 대중들을 속였지만, 실제로는 핵전쟁을 막으려는 비밀회의를 소집했다. 이 회의는 부통령을 비롯하여 최상층의 많은 사람들에게도 기밀이었다. 그런데도 정직이 최선의 방책인가?

동시에 엽기적인 문화 현상이 일어나고 있다. '대안적 사실 Alternative Facts'•과 '가짜 뉴스Fake News'가 그것이다. '언제나' 거짓말을 받아들이고 기대하는 조건이 되면, 어떻게 정직과 속임수 사이에서 길을 찾을 수 있겠는가?

새로운 (비)정상에 적응하려는 시도 속에서 우리는 거짓말에 대한 기대와 수용의 폭을 넓혀 왔다. 무엇이 진짜인가보다 진짜이길 바라는 게 무엇인가가 더 중요해졌다. 악의적인 거짓말은 입에서 입으로 전해지고, 사기 치는 게 대세가 되었다. 하수구에서 빠져나가려는 대신 악취에 적응하려고 애쓰고 있는 것이다.

하지만 다행스럽게도, 우리는 절대 그런 악취에 익숙해지지 않을 것이다. '정직이 최선의 방책'이라서가 아니다. 인간은 생물학적으로 속이는 본능을 가지고 있을 뿐 아니라 누군가를 해치는 거짓말에 대해 강한 혐오 반응을 보이기 때문이다.

• '실제로 있는, 입증할 수 있는, 거짓이 아닌 사실'을 뜻하는 단어fact와 대안·대체를 의미하는 단어alternative를 합친 조어로, 2017년 1월 도널드 트럼프 미국 새 행정부와 미국 언론이 취임식 인파를 두고 설전을 벌이는 가운데 등장한 신조어다.

우리는 서로에게 거짓말하도록 설계된 것이 아니라
서로를 위해 거짓말하도록 설계되었다

데이터는 당신의 뇌가 언제 거짓말을 해야 하고 언제 하면 안 되는지를 이미 알고 있다는 걸 보여 준다. 편도체는 두려움을 처리하고 반응하는 데 관여하는 원시 뇌의 한 부분이다. 연구자들은 사람들이 자기의 이익을 위해 거짓말할 때, 편도체가 활성화된다는 사실을 알아냈다. 거짓말이 두려움을 야기한 것이다. 하지만 다른 사람을 위해 거짓말할 때는 편도체가 아무 반응도 보이지 않았다.

편도체는 비윤리적이고 정직하지 못한 행동을 할 때 불쾌한 기분을 유발하도록 진화했다. '정직이 최선의 방책'이라는 #나쁜 조언이 놓친 것을 당신의 생리 반응은 알아차린 것이다. 인간관계에서 얻는 이점을 지키기 위해서라면 거짓말해도 된다는 걸 말이다.

때로는 진실보다 신뢰가 더 가치 있기에
우리는 거짓말을 한다

세상에 나오는 순간부터 당신은 주변 사람들과 관계를 맺고 신뢰를 쌓기 시작한다. 태어나면 몇 시간 안에 자기를 안고 있는 사람의 눈을 볼 수 있는 쪽으로 머리를 향한다. 엄마 목소리가 나는 쪽으로 고개를 돌리게 되고, 그러고 나면 마침내 양육자의 얼굴 표정을 따라 하기 시작할 것이다. 신뢰는 인간의 기본 욕구로, 인간이 교감할 수 있게 하는 주 매개체이다. 사람들은 신뢰 없이 기능하지 못하며, 그 신뢰는 많은 경우 모르는 사람들 사이에 존재한다.

목숨이 경각에 달렸을 때 아무 조건 없이 누군가를 온전히 믿은 적이 있는가? '목숨이 경각에 달렸을 때'라고 한 것에 주목하라. 조종사복이나 수술복을 입은 사람은 안전에 관해 거짓말하지 않을 거라고 믿는 것이 일반적이다. 이는 신뢰의 엄청난 발전이라 할 수 있는데, 그것은 신뢰가 생각할 필요 없이 이루어지는 생물학적 기능이기 때문일 수 있다.

하지만 그것은 속임수도 마찬가지다. 당신은 나머지 인류와 마찬가지로 매우 상반되는 두 본능, 믿으려는 본능과 속이려는 본능을 타고났다. 몇몇 과학자들은 이들 두 본능의 강한 충돌을 다루기 위해 인간이 특별하게 진화했다고 생각한다.

티모시 R. 레빈Timothy R. Levine 박사의 '진실 디폴트 이론Truth Default Theory'에 따르면, 인생에서 신뢰를 통해 얻는 잠재적 이익이 배반당할 위험을 감수할 정도로 매우 크다고 한다. 신뢰 없이 친구, 애인을 만들거나 문명의 결실을 보는 것은 불가능하다. 그래서 종종 거짓말을 하면서까지 다른 사람과 신뢰를 쌓고 그것을 지킬 필요가 있는 것이다.

이제 우리는 정직이 최선의 방책이 아니라는 사실에 동의하게 되었다. 우리는 종종 서로에게 거짓말을 하게 될 것이다. 문제는 우리가 서로에게 거짓말을 하는 방식이다. 그리고 이와 관련해 들려줄 #좋은조언이 있다.

자비로워져라
#좋은조언

거짓말을 뜻하는 '불싯Bullshit'은 내가 가장 좋아하는 비속어 중 하나이다. '퍽Fuck'만큼 변화무쌍하진 않아도 명사("그건 거짓말이야!That's bullshit!")와 동사("거짓말하는 거 아니야!I'm not bullshitting you!"), 두 가지 역할을 제대로 해내고 있다. '호스싯Horseshit'으로는 느낌을 제대로 살릴 수 없다. 누구도 "호스싯 하고 있네"라며 비난하지 않는다. 그리고 말의 똥을 뜻하는 호스싯과 다르게 '불싯'이란 단어는 소와 관계가 없다.• 그 단어는 순수하게 인간에서 유래했다.

'bull'의 기원 중 하나로 추정되는 것은 '사기, 속임수, 책략, 음모' 등을 뜻하는 고대 프랑스어•• '볼bole'이다. 'bole'이 'bullshit'으

• 거짓말, 허튼소리 등의 의미로 사용되는 'bullshit'은 표면적으로는 황소를 뜻하는 'bull'과 똥을 뜻하는 'shit'이 합쳐진 형태로 보인다. 그대로 직역하면 '소똥'으로 읽을 수 있다.
•• 갈로로만스Gallo-Romance어의 한 갈래로 9세기에서 14세기 사이 사용되었다.

로 진화하면서, 인간이 남을 속이고자 하는 본능을 표현하는 독특한 방식으로 그 의미가 확장된 것이다. 속이고자 하는 인간의 본능은 강하다. 그리고 그 본능이 문을 두드릴 때, 자비로운 거짓말Benevolent Bullshit과 기본 거짓말Basic Bullshit 중 어떤 방식을 택할지는 당신에게 달려 있다.

'자비로운 거짓말'은 누군가를 보호하거나 사회적 유대감을 지키기 위해 거짓을 말하거나 진실을 감추는 것이다. 예를 들면 여자 친구가 "솔직히 말해 줘. 나 뚱뚱한 것 같아?" 또는 "솔직하게 말해 줘. 고양이를 안락사시켰어야 했을까?", "솔직히 말해 줘. 괜히 문신했나?" 하고 물었을 때처럼 말이다. 그녀는 '진실'을 듣자고 물어본 것이 아니다. '위안'을 얻으려는 것이지. 그녀는 약한 모습을 보이더라도 당신이 자신을 지지해 주고 한심하다고 비난하거나 내치지 않을 것임을 믿는 것이다.

당신은 공감 잘하고 배려심 많은 친구이기 때문에 공감하고 배려해 준다. 그리고 거짓말을 한다. 진실이 아무것도 바꿀 수 없는 상황이기 때문에 거짓말을 하고, 친구의 아픔을 덜어 주기 위해 거짓말을 한다. 좋은 친구라면 그렇게 하기 때문에 거짓말을 하고, '정직이 최선의 방책이다'라는 말이 #나쁜조언이기 때문에 거짓말을 한다. 당신은 자비로운 거짓말쟁이라 거짓말을 한다.

그런데 '기본 거짓말'로 옮겨 가면 상황이 달라진다. 어떤 결과나 진실을 피하려고 불필요하게 자신이나 다른 사람에게 거짓말을 하면 당신은 기본 거짓말쟁이다. 노골적인 기본 거짓말

Blatant Basic Bullshit은 주로 범죄자나 정치인, 실리콘 밸리 사업가들의 입에서 나오기 때문에 알아차리기 쉽다. 그러나 기본 거짓말은 보통 더 교활하다. "저기, 진~짜 미안한데, 나 오늘 못 갈 것 같아. 온종일 일에 파묻혀 있었더니, 녹초 상태야. 아… 내가 너무 내 생각만 하지? 미안!"

온종일 일에 파묻혀 있었다는 것도 거짓일 수 있지만, 진짜 교활한 부분은 거기가 아니다. 마지막에 나온 "내가 너무 내 생각만 하지"라는 말에 주목하라. '정말' 자신이 이기적이라고 생각해서 그런 걸까? 아니면 상대방에게 "너 이기적이야!"라는 말을 듣지 않으려는 걸까?

이것이 바로 '거짓 자기비하false self-deprecation'다. 결과가 나오기 전에 '미리' 하기 때문에 기본 거짓말이라고 할 수 있다. 욕먹기 전에 상대방을 교묘하게 조종해 비난받지 않고 빠져나갈 구멍을 미리 만들어 놓는 짓은 언제나 치사하다.

또 다른 기본 거짓말은 "잔인하고 싶어"라는 말을 "솔직하고 싶어"라고 포장하는 것이다. 확실한 기본 거짓말이다. 잔인함을 감추기 위해 "솔직하고 싶어"라고 말하는 인간들을 우리는 얼마나 많이 보는가? (교묘한 속임수 주의: '어떤 것'을 감추려는 의도로 "솔직하고 싶어"라고 말하는 것은 솔직한 게 아님.) 그런 말을 하는 사람들은 진정성도 없고 그냥 못되게 구는 거다. 그리고 자기도 모르는 사이 기본 거짓말을 하게 되는 경우도 있다.

모든 생명체는 속임수를 쓰지만
오직 인간만이 거짓말을 한다

언제 마지막으로 눈을 깜빡였는지 기억나는가? 아마 기억나지 않을 것이다. 눈의 깜빡임은 무의식적 반사 행동이기 때문이다. 마지막으로 거짓말했을 때는? 그것도 기억나지 않을 것이다. 가끔은 거짓말도 어떤 상황에 대한 반사 반응처럼 튀어나오기 때문이다.

로버트 펠드먼Robert Feldman 박사는 연구를 통해 사람들이 10분마다 거짓말한다는 사실을 밝혔다. 펠드먼 박사의 연구에서 기본 거짓말쟁이들이 했던 거짓말은 무엇이었을까? 바로 자기 자신에 대한 것이었다. 펠드먼은 기본 거짓말이 자존감self-esteem과 관련이 있다고 믿었다. 연구 대상자들이 자존감이나 자아상self-image이 위협받을 때 자신도 모르게 거짓말을 했던 것이다.

그런데 오묘한 것은 편도체의 반응이다. 뇌의 일부인 편도체는 자기 고양을 위한 거짓말self-serving lie을 위협으로 느낀다. 편도체가 판단하기론, 당신은 여전히 포식자의 점심거리가 될까 봐 공포에 떠는 빙하기 원시인과 다를 바 없다. 편도체는 어떤 위협 상황도 '죽기 일보 직전'인 것처럼 프레임을 짜기 때문에, 자아상에 대한 위협을 실재하는 자신에 대한 위협으로 지각한다. 원시 동물의 공포가 방어적인 거짓말이라는 원시 동물적 반응을 유발해 기본 거짓말로 이어지는 것이다.

그러면 10분마다 거짓말하는 펠드먼의 연구 대상자들을 바다뱀인 척하는 흉내문어와 다르다고 할 수 있을까? 그렇다. 나와 이 연구에 대해 이야기를 나누었을 때, 펠드먼은 자세한 설명을 덧붙였다.

"다른 여러 생물 종이 세상에 적응하기 위한 수단으로 속임수를 사용한다는 증거는 많습니다. 하지만 나는 인간이 거짓말을 학습한다는 점에 주목해야 한다고 생각합니다. 사회는 우리에게 거짓말을 하라고 가르치고, 우리는 거짓말을 사회적 전략으로 사용합니다. 그리고 그 전략은 매우 효과적이죠. 거짓말이 진화, 유전, 사회적 요인 중 '전적으로' 어느 하나 때문이 아니라 세 가지의 조합으로 생겨난다고 생각합니다."

당신이 위협적인 상황에서 벗어나기 위해 거짓말하는 본능을 가지고 있는 것은 사실이다. 하지만 당신에게는 본능만 있는 게 아니다. 지능과 직관도 있다. 당신은 배움을 통해 기본 거짓말을 뛰어넘을 수 있다.

안 좋은 음식을 먹거나, 석양을 너무 많이 놓치거나, 기본 거짓말을 하면서 낭비하기에 인생은 너무 짧다

기본 거짓말을 극복하는 일은 스스로 그것에 '익숙해지지 않도록' 하는 것에서 시작한다. 당신이 거짓말을 할 때 뇌의 편도체가 두려움의 반응을 보인다고 했던 데이터를 기억하는가? 같은 연구에서 지속적으로 자신의 이익을 위해 거짓말하면(기본 거짓말) 편도체의 반응이 줄어드는 것으로 나타났다.

연구자들은 이를 '둔화 반응blunted response'이라고 불렀다. 바꿔 말하면, 기본 거짓말이 반복되면 양심의 소리에 음소거 버튼이 눌러진다는 말이다. 기본 거짓말에 음소거 버튼을 누르려면, 둔화된 반응을 호전시켜야 한다.

둔화된 반응을 호전시키는 방법은 다음과 같은 질문에 답하는 일이 될 수 있다. '당신이 하는 기본 거짓말의 피해자는 대부분 누구인가? 함께 일하는 사람? 친구? 가족? 잠자리를 가졌거나 혹은 잠자리를 갖고 싶은 사람? 방금 만난 사람?' 만약 어디서부터 찾아야 할지 모르겠다면, 그간 했던 거짓 변명들 중 어느 것부터든 시작하면 된다.

닥터 V가 나오는 리얼리티 쇼 몰아보느라 늦었으면서 차 막혔다고 하지 마라. 길이나 무게를 속이지 마라(SNS에서 사진 편집하는 게 아니라면). 그리고 제발 부탁하는데, 느끼지도 않았으면서 느낀 척 좀 하지 말자. 기본 거짓말에 대한 자각 능력을 발달시키면 생각 없이 반사적으로 하는 거짓말이 점점 줄어들게 될 것이다.

기본 거짓말을 줄여서 그에 대한 자각 상태를 유지하는 것은 정제 설탕을 줄이는 것만큼이나 건강에 유익하다. 심리학 교수 아니타 켈리Anita Kelly는 실험 참가자 한 그룹에 10주간 의식적으로 거짓말하지 않으려고 노력할 것을 요청했다. 10주 뒤, 실험 참가자들은 두통과 인후통, 그리고 슬픔과 스트레스가 줄어들었다고 보고했으며 인간관계의 질 역시 향상되었다고 느꼈다.

하지만 다른 사람에게 하는 기본 거짓말을 그만두었다고 하더라도, 자신에게 하는 기본 거짓말은 어떻게 해야 할까? '자신에게 거짓말을 하고 있다는 사실조차 인지하지 못하는 상황'에서 거짓말하지 않겠다고 결심하는 것이 가능할까?

자신의 기본 거짓말을 직시하기 전에는
거기서 벗어날 수 없다

'자신에게 하는 거짓말'이라고 할 수 있는 부정denial은 자비로운 거짓말이 될 수도 있고, 기본 거짓말이 될 수도 있다. 자비로운 부정Benevolent Denial은 사람들로 하여금 어려움과 트라우마에 대처할 수 있게 하지만, 일정 시간이 흐르면 수용에게 자리를 내어 주고 사라진다.

예를 들면 스피치에 앞서 긴장될 때, 당신은 스스로에게 자신감을 불어넣는 방식으로 불안을 부정할 것이다. 여기서 끝난다면 자비로운 부정이라 할 수 있다. 거기까진 괜찮다. 그런데 부정이 끝나지 않는다면? 끊임없이 자신을 속이고 진실을 회피한다면, 당신은 현실 부정에 갇혀 기본 거짓말 속으로 깊이 빠져들 것이다. 그건 나쁘다. 그런데 당신이 기본 부정Basic Denial에 갇혀 있다면? 살펴봐야 할 증상이 무엇일까?

최근 겪었던 끔찍한 상황 몇몇을 떠올려 보자. 당신은 책임을 졌는가, 아니면 망친 일을 축소하거나 정당화하고 비난받지 않기 위해 도망쳤는가? 당신이 저지른 일의 인과 관계를 알아차렸는가, 아니면 "그냥 그렇게 됐어!"라고 말도 안 되는 변명을 늘어놓았는가? 자신이 하는 말과 행동이 다른 사람에게 어떤 영향을 주는지 살면서 늘 돌아보는가, 아니면 무신경한 인간처럼 굴면서 스스로를 속이는가?

아, 그런데 자신이 만성적 기본 거짓말쟁이가 아닐까 너무 걱정할 필요는 없다. 만약 당신이 끔찍한 사이코패스라면 애초부터 이런 책에 관심을 가졌을 리가 없다. 대신 방금 내가 묘사한 상황들이 있었는지 떠올려 보라. 이런 작업이 당신에게 정서적으로 큰 부담이 될 수도 있으니, 천천히 시간을 갖고 답하는 것도 좋겠다.

신뢰하는 사람과의 대화를 통해 이 과정을 시작해도 되고, 나 자신과의 대화로 시작할 수도 있다. (비웃지 마라. 효과가 있다니까.) 아니면 종이에 스스로 질문과 답을 적어 볼 수도 있다. 두려워하지 말고 자신에게 그리고 다른 사람에게 해온 거짓말을 깊게 파고들어라.

그것은 매우 중요하다. 당신은 자신이 부인해 왔던 것과 마주하게 될 것이다. 기본 거짓말과 자비로운 거짓말의 섬세한 차이를 제대로 이해한다면, 나 자신에 대해서도 더 잘 알게 될 것이다. 하지만 이것은 당신이 이 장에서 다루는 '정직이 최선의 방책이다'라는 #나쁜조언을 따르는 한 결코 얻을 수 없는 깨달음이다.

바로 이 순간 어쩌면 당신은 거짓말 하나를 손보면서 (바라건대) 자신을 바꾸고 싶은 마음이 들지도 모른다. 자신을 바꾸려면, 먼저 자기 자신을 용서해야 한다. 용서하라. 단 한 번뿐인 기본 거짓말의 사면 기회를 자신에게 베풀어라. 자신과 타인에게 했던 모든 기본 거짓말을 하나하나 반성하고 자신을 용서하라. 어떤 기본 거짓말이든 모두 용서하라. '정직이 최선의 방책'이라는 불가능한 기준을 어긴 '나쁜 행동'이라고 비난하기보다 불완전한 '인간'의 행동으로 바라보려 노력하라.

인간의 행동은 변화할 수 있기에 그 불완전성과 부도덕함을 초월할 수 있다. 그리고 그 변화에는 용서가 선행되어야 한다. 용서는 수용으로 가는 길을 열어 주고, 수용은 변화로 향하는 길을 열어 준다. 그리고 그것은 거짓말이 아니다.

고통의 이면에는
더 강한 당신이 기다리고 있다

불행하게도 자신에게 하는 기본 거짓말을 제거한다고 해서 다른 사람의 기본 거짓말로부터 자유로워지는 것은 아니다. 타인을 신뢰하는 마음은 DNA 안에 있는 것이라 배신의 위험에 노출되는 건 어쩔 수 없는 일이다. 배신 때문에 느끼는 더러운 기분도 신뢰가 가진 씁쓸한 면이다.

스티븐 킹Stephen King은 공포란 "잘 짜여 돌아가던 것들"이 "갑작스럽게 충격적인" 일이 되면서 시작된다고 썼다.* 배신감도 비슷한 방식으로 시작된다. 배신감은 자신이 속았다는 것을 알아차리면서 시작되며, 내가 알던 세상이 무너져 내린 듯한 느낌을 준다.

배신이 그토록 큰 충격으로 다가오는 것은 그것이 상실로 인해 느끼는 슬픔grief의 일종이기 때문이다. 당신은 신뢰, 친밀감, 안도감 등을 상실한 데 대한 애도의 기간을 가지게 된다. 나에게 본모습을 보여 줬다고 생각했던 누군가를 잃은 것을 애도하는 것이다.

당신의 마음만큼이나 신체도 큰 타격을 입는다. 배신은 당신의 부교감 신경계를 흔들어 놓고, 그로 인해 식욕, 수면, 호흡이 영향을 받는다. 마치 약 복용에 따른 부작용 증상처럼 불면증, 식욕 상실, 호흡 곤란 등을 보이기 시작할 것이다. 배신감 처리에 앞서 신체적 욕구가 제대로 충족되지 않으면 축 처지고 기분도 형편없어질 것이다. 그러는 동안 뇌의 기저에서는 편집증에 빠진 편도체가 배신을 하나의 위협으로 지각해 투쟁, 도피, 경직 반응을 일으키고, 당신의 지각은 더욱 왜곡된다.

- 스티븐 킹이 자신의 단편집《나이트 시프트Night Shift》서문에서 공포의 본성에 대해 언급한 부분이다. 한국에서는 2003년에 '옥수수밭의 아이들'이란 제목으로 출간되었다.

배신은 당신이 받을 수 있는 최악의 학대이다. 우리가 #나쁜조언에 안도감을 느끼는 것은 배신당하는 것이 고문당하는 것만큼이나 고통스럽기 때문이다. 대부분은 신뢰받고, 신뢰하고 싶은 사람을 신뢰한다. 그러므로 모두가 이 #나쁜조언을 따른다면, 배신감을 느낄 사람은 아무도 없을 것이다. 하지만 현실은 그렇지 않다.

배신감을 느끼지 않는다고 스스로를 속일 수 있을지 모른다. 하지만 고통 중에 있는 것과 무기력한 상태를 혼동하지 마라. 배신이 당신이란 사람을 변화시킬 수 있을지 몰라도 영원히 바꿔 놓지는 않기 때문이다.

당신은 하루살이가 아니다

감정은 생겼다가 사라진다. 글을 쓰든, 누군가와 이야기를 나누든 당신이 느낀 배신감을 탐색하고 표출하는 것은 그러한 감정을 수용하고 통제력을 되찾는 데 도움이 된다. 감정을 수용하고 표현함으로써 그것을 변화시킬 힘과 권한을 갖게 되는 것이다.

배신당한 상처를 회복하는 과정은 일정 부분 신체의 치유 과정과 같다. 몸과 마음은 당신이 특별히 뭘 하지 않아도 자신을 어떻게 치유하는지 안다. 시간을 가져라. 자신을 잘 돌봐라. 몸 쓰는 일을 해라. 다른 데 주의를 돌리는 데 도움이 될 것이다. 그 일을 누군가와 함께하면 효과가 더 좋을 것이다. 최근에 배신을 당했거나 이 장을 읽는 동안 배신당했던 상처가 떠오른다면, 이 말을 해주고 싶다. 누군가를 믿은 것도, 사랑한 것도 '절대' 당신 잘못이 아니다.

당신이 믿고 좋아하며 존경하는 사람들과 그들이 전해 주는 '긍정적인 기운' 속에 머물러라. 긍정적인 기분이 들지 않을 때조차 자신을 위해 지속적이고 긍정적인 사회 경험을 해보라. 가깝다고 느끼는 사람들과 시간을 보내다 보면, 배신의 아픔이 덜해지고 자신이 누군가를 믿을 수 있다는 걸 떠올리게 될 것이다.

어쨌든 타인에 대한 신뢰는 선택의 문제가 아니다. 복잡하게 서로가 연결되어 있는 사회를 사는 사회적 동물로서, 당신은 계속해서 누군가를 믿게 될 것이다. 그래야만 하고, 그럴 수밖에 없다. 신뢰란 당신 몸에 내장된 생물학적 프로그램이나 마찬가지니까. 거짓말하는 것만큼이나, 신뢰도 타고난 본능이다.

인간관계: 인터넷의 원형

'정직이 최선의 방책이다'는 신뢰가 타고난 본능이라는 것과 거짓말을 피할 수 없다는 것 모두를 부인한다. 당신이 사람들과 서로 속고 속일 거라는 것은 기정사실이다. 하지만 그건 당신이 거짓말쟁이들이 넘치는, 썩은 세상에 사는 썩어 빠진 거짓말쟁이라서가 아니다.

당신은 개성 있고 섬세하며, 용기 있고 아름다운 수십억 명의 생명체 중 한 사람으로서, 인생이라고 불리는 이 눈부신 혼돈을 어떻게든 이해하려고 노력하고 있다. 더불어 당신은 아주 오래된 인간 전통 중 하나를 이어가고 있다. 그것은 사람들로 하여금 #나쁜조언에 우선적으로 눈을 돌리게 만든 원인이기도 하다. 인간으로 살기란 무지막지하게 힘든 일이니까. 인생은 엉망진창에 혼란스럽고 고통스럽다. 하지만 신나고 즐겁고 아름답기도 하다.

'정직이 최선의 방책이다'가 #나쁜조언인 이유는 복잡다단한 인생의 경험을 이분법적으로 지나치게 단순화해 하나로 축소해 버리기 때문이다. 인생은 그런 것이 아니며, 당신 또한 마찬가지다. 당신은 다른 사람을 속여 자신을 보호하려는 본능과 신뢰를 통해 연결되고 싶은 본능 사이에서 계속 갈등하며 살아갈 것이다. 그래서 그 안에서 방향 잡기가 그렇게 어렵다.

자비로운 거짓말과 기본 거짓말의 차이를 구별할 수 있다면 자신의 속이는 본능을 이해하는 게 수월해질 것이다. 자비로운 거짓말쟁이가 되기로 결정한다면 사람들과 진정성 있는 관계를 형성하고 유지할 수 있게 될 것이다. 속임수가 사회적 유대나 그 유대를 지탱하는 신뢰를 보호하는 역할을 할 때만 거짓말하는 사람으로 다시 태어나는 것이다.

이로써 당신은 더 용감하게, 더 많이 신뢰할 수 있게 될 것이다. 배신에 면역이 생겨서가 아니다. 고통의 가능성을 없애 주겠다고 약속하는 건 #나쁜조언뿐이다. 신뢰를 통해 얻는 보상이 배신의 위험을 감수할 만한 가치가 있다는 사실을 이해한다면, 당신은 용기 있게 믿을 것이다. 당신이 맺는 모든 관계는 인생에 생길 수 있는 좋은 일과 기회를 향한 또 다른 가능성의 문을 열어 줄 것이다.

그것이 바로 자신을 위해 해야 할 일이다. '정직이 최선의 방책'이라는 #나쁜조언을 들었다면 불가능했을 것이다. 하지만 당신과 나를 포함해 모든 사람이 공유하고 있는, 강점이자 결함인 그것—신뢰하는 마음을 더 잘 이해하게 되었기에 가능한 일이 되었다. 그 이해와 힘을 통해 자신에게 자비로워져야 한다.

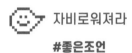 자비로워져라

#좋은조언

기쁨을 주는 일을
좇아라

인류 역사상 기뻐 어쩔 줄 몰라 하면서 성공과 성취를 좇았던 사람은 아무도 없다. 내가 이렇게 확신하는 건 실력 있는 자연사 박물관 도슨트와 같이 샅샅이 뒤져 보았기 때문이다.

'기쁨을 주는 일을 좇아라'라는 말은 보통 당신이 경력이나 직업과 관련해 '어떤 일을 하며 살고 싶은가'를 고민할 때 들을 수 있는 #나쁜조언이다. "무슨 일을 하세요?" 같은 질문을 자주 받기 때문에 많이 고민했을 수도 있다.

당신은 다양한 일을 한다. 직업은 당신이 하는 여러 일 중 하나일 뿐, 인간으로서의 정체성을 모두 아우를 수는 없다. '기쁨을 주는 일을 좇아라'가 나쁜 조언인 이유는 쾌락과 성취감이 같다고 믿도록 당신을 속이기 때문이다. 하지만 쾌락과 성취감은 같지 않다. 그래서 이 #나쁜조언은 #바보같은조언이기도 하다.

이 #나쁜조언이 사용하고 있는 동사 '좇다, 팔로우follow'는 #짜증유발 그 자체다. 정말 당신 인생의 중요한 목표가 무언가를 '좇는' 것이 되길 바라는가? '팔로우'라는 단어와 활용형인 '팔로잉', '팔로워'는 그렇게 대단한 단어가 아니다. "그녀는 정신을 놓고 그를 따라갔어." "그는 자기를 팔로잉하는 사람들이 엄청 많다고 속였어." "너 온라인 팔로워가 얼마나 돼?" 대부분 공허함, 별생각 없음과 관련된 단어다. '기쁨, 블리스bliss'는 어떻고? 행복감에 어쩔 줄 모르는 상태가 지속되는 거? 그런 게 가능하긴 한가?

"무슨 일을 하세요?"라는 질문에 대한 답은, 그러니까 말하는 것, 생각하는 것, 행동하는 것, 사랑하는 것 등 당신이 하는 모든 것을 포함하기 때문에 직업 그 이상이 되어야 한다. 하지만 당신은 그렇게 배우지 않았을 것이다. 직업이 '당신 자체'라고 속아 왔겠지만, 그건 사실이 아니다.

《불안Status Anxiety》(2004)의 저자 알랭 드 보통Alain de Botton은 수백 년 전에는 정체성에 있어 직업보다는 가문이나 출신 지역이 더 중요했다는 점에 주목했다. 하지만 이제는 정체성과 직업이 융합되었다고 말한다. 다시 말하면, 당신이 하는 일, '돈을 받고 하는 일'이 당신 자체라고 여기는 맹목적이고 무자비한 문화 속에 살고 있다는 것이다. 당신 일이 인상적이지 못하다면, 당신도 그런 것이다. 당신은 '루저loser'다.

알랭 드 보통은 '루저'라는 단어가 사회에서 실패한 사람을 가리키는 맥락에서 사용된 것은 비교적 최근이라고 지적한다. 그에 따르면, 중세 시대에는 어렵게 살고 있는 사람이나 사회의 하층민을 '불행한 사람들unfortunates'이라고 불렀다고 한다. 오늘날에는 그런 사람들을 '루저'라고 부른다.

차이가 뭐냐고? 루저는 그렇게 된 책임이 본인에게 있다. 지금 하는 일이 꿈꾸던 직업이 아니라면 "무슨 일을 하세요?"라는 질문이 두려울 수 있다. 당신이 한심한 루저라는 사실이 드러나는 순간이니까! 그래서 당신도 한심한 루저들이 절박하게 답을 찾고자 할 때 하는 짓을 한다. 검색창에 쳐보는 거다.

인생의 꿀팁을 알려 주는 블로그의 글을 읽고, 관련 기사를 수집하며, 모든 것을 알고 있다고 주장하는 자칭 전문가들의 웹사이트도 방문할지 모른다. 자신보다 똑똑하다고 생각하는 친구들과 상의해 볼 수도 있다. 당신이 무슨 일을 하며 살고 싶은지 '그들'이 알 수도 있으니까. 그러다 보면 어딘가에서든 '기쁨을 주는 일을 좇아라'나 비슷한 취지의 말을 듣게 마련이다.

'기쁨을 주는 일을 좇아라', '꿈을 따라가라', '좋아하는 일을

하면 일이 더는 일이 아니게 될 것이다'. 마치 끌어당김의 법칙*
이나 다른 자기계발서에 나오는 동화 같은 이야기처럼, '기쁨을
주는 일을 좇아라'는 '원하는 모든 것을 얻을 수 있다면 당신은 늘
행복할 것'이라고 하면서 소비지상주의를 영적인 것으로 둔갑시
킨다. 그건 빌어먹을 #나쁜조언이다. 하지만 이걸 알아야 한다. 그
것이 원래는 훌륭한 사람에게서 나온 #끝내주는조언이라는 사실
을 말이다.

당신의 인생은
당신이 주인공인 이야기이다

조지프 캠벨Joseph Campbell은 세계적으로 유명한 학자이자 문학 교
수로, 신화와 비교종교학 분야의 권위자이다. 그는 모든 문화권의
신화와 민담에서 나타나는 공통 요소들을 밝혔다. 이 요소들은 인
간 본성에 대한 내밀한 진실, 보편적 정서 욕구, 기본적인 생존 경
험을 반영한다.

캠벨은 빌 모이어스Bill Moyers와 공동 저술한 《신화의 힘The
Power of Myth》에서 '기쁨을 주는 일을 좇아라'의 의미를 자세히 설
명한다. "당신에게 기쁨을 주는 일을 좇아라. 그리고 두려워하지

• 마이클 로지에Michael Losier의 책 제목.

마라. 그러면 예상치 못한 곳에서 문이 열릴 것이다." 캠벨은 '기쁨을 주는 일을 좇아라'를 "신나거나 흥분되는 순간이 아닌, 마음 깊이 진정한 행복감을 느끼는 그 순간"에 전념하라는 의미라고 분명하게 밝혔다.

그는 직업이 아닌 '인생'이 주는 감정을 말하고 있다. '기쁨을 주는 일을 좇아라'는 직업에 대한 조언으로 축소되어 버린, 인간의 조건에 대한 통렬한 통찰인 것이다. 여기에는 '즐거운 활동'을 '일하러 가는 것'으로 바꾸면 인생에서 승리할 거라는 의미가 담겨 있다.

캠벨조차 자신이 한 말의 본뜻이 변질된 걸 알았다. 제자들이 '기쁨을 주는 일을 좇아라'가 마음껏 술 마시고 취해도 된다는 허가서라도 되는 듯 남발하기 시작했을 때, 그는 이렇게 말했을지 모른다. "'고통을 좇아라Follow Your Blisters'라고 했어야 했는데."

블리스bliss는 영원한 행복이나 끊임없이 채워지는 쾌락 중추 pleasure center가 아니다. 그것은 인생의 의미와 목표를 찾았을 때 느끼는 감정이다. 캠벨은 "만약 기쁨을 주는 일을 좇는다면, 이제껏 당신만을 기다리고 있던 그 길 위에 들어서게 될 것이다. 그러면 바로 당신이 살아 마땅한 인생을 살게 된다. 기쁨을 주는 일을 좇는다면 어디에 있든 늘 당신 안에 있는 생기와 활력을 누리게 될 것이다"라고 말했다.

나는 캠벨이 열릴 것이라고 말한 그 문이 세상에서의 당신의 위치, 삶에 대한 깊은 이해와 감사로 향한다고 믿는다. 그 문은 완벽한 성취가 기다리는 환상 속의 종착지가 아닌, 계속되는 여정을 향한 출구이다. 캠벨이 사회에 지혜를 먹여 줬더니, 사회는 그것을 #나쁜조언으로 뱉어 냈다.

돈에는 큰 힘이 있지만, 그것이 당신이 얻을 수 있는 유일한 것은 아니다

인생의 의미에 대한 조지프 캠벨의 사유를 상투적인 채용 박람회 따위로 물 타기 하는 것은, 반려견도 우울증 약을 처방받는 제1세계 선진국에서나 일어날 수 있는 일이다. 기쁨을 주는 일을 좇으라는 #나쁜조언은 기본적 욕구(소위 '멋진 직업'이라고 불리는)를 성취하는 재미와 방법을 찾으면 '출세한 사람'이 될 거라고 가정하고 있다는 점에서 다시 우리를 실망시킨다.

이게 대체 무슨 소리냐고? 이 #나쁜조언은 당신이 기쁨을 주는 일을 좇을 때, 돈이 한가득 실린 트럭까지 따라올 거라는 왜곡된 가정을 하기 때문이다. "좋아하는 일을 하면 돈이 알아서 따라오기 마련이다"라는 말과 비슷한 표현이다. 이 말이 맞을 수도 있겠지만, 꼭 그런 것은 아니다. 게다가 돈이 따라온다 하더라도 돈으로는 행복을 살 수 없다는 과학적 연구가 많다.

연구에 따르면 '소득이 생활비를 충당하는 수준'까지 행복감과 소득이 비례하고, 그보다 소득이 많아져도 행복감이 높아지지 않는다고 한다. 안정을 이루게 해준다는 점에서 행복에 돈이 도움이 될 순 있겠지만, 안정을 이루는 것과 성취는 다르다.

행복에 관한 연구들은 당신이 일을 '어떻게' 하는지가 '무슨' 일을 하는지보다 더 중요할 수 있다는 걸 보여 준다. 심리학자 배리 슈워츠Barry Schwartz에 따르면 공장이 우리 삶에 들어오기 전에는, 대부분의 사람이 날마다 하는 일이 달랐다고 한다. 그때에는 새로운 문제해결 기술, 창의성, 독창성이 매일 필요했다. 이러한 상황에서는 성취감, 의미, 목적의식이 생겨날 수밖에 없다. 그런데 공장 노동이 그것을 끝내 버렸다. 각각의 노동자는 날마다 온종일 똑같은 일만 했다. 일상에서의 성취감, 의미, 목적의식이 사라졌다.

보상이 급여 한 가지로 축소되면 '당신' 또한 축소된다. 이는 인생의 의미와 목적을 겨우 생존하는 것만으로 한정시켰다. 물질적 성공과 안락함이 중요하지 않다는 게 아니라 오직 그 '한 가지'만이 중요한 문제가 되었다는 것이다.

내게 상담을 받았던 리디아는 유력하고 돈을 잘 버는 변호사였다. 그녀는 열정적이고 과감했으며 업무 능력 또한 뛰어났다. 한편으로는 완전히 지치고 소진되어 누구보다 비참한 상태이기도 했다. 나와 그녀의 대화는 대부분 일이 얼마나 그녀를 불행하게 만들었는지에 대한 것이었다. 일은 그녀 삶의 모든 부분을 파괴했다.

전망 좋은 사무실에서 일하고, 벤틀리 쿠페를 타고 다니며,

플로리다의 살기 좋은 동네 벨 에어Bel Air에 살면서도 그녀는 여전히 혼자였고, 외로웠으며, 간신히 살아가고 있을 뿐이었다. 리디아는 피땀 흘려 이룬 경력 덕분에 부자가 되었지만, 그 경력은 그녀를 지치고 공허하고 '기쁨 없는' 상태로도 만들었다. 나는 지금 당신이 무슨 생각을 하는지 안다. '아이고, 돈 많은 변호사님께서 슬프시다네. 비싼 가죽 시트에 눈물이라도 떨어지면 어쩌나.'

그렇다. 리디아는 특권층이다. 하지만 특권층이라고 해서 골치 아픈 문제나 인생의 고통에서 자유로운 것은 아니다. '돈으로 행복을 살 수 없다'는 말은 과학적 진실이다. 그러나 수십억 달러의 광고 산업은 진실과 과학을 익사시키며 '소비 요법retail therapy'(이른바 행복감을 느끼기 위해 쓸데없이 하는 소비)이 가진 치유의 힘을 믿도록 당신을 설득한다.

이 또한 우리가 가진 사람들에게 공감하지 못하는 이유가 된다. '뭔가를 가졌다면 행복해야 하잖아. 대체 뭐가 문제래?' 동시에 우리 문화가 보여 주는 가난에 대한 별난 분개를 이해하는 데도 도움이 된다. '당신이 게을러서 가난한 거야. 발바닥에 땀나도록 열심히 일해서 돈 벌고 뭣 좀 사라고. 딱해서 못 봐주겠네. 맙소사, 어떤 사람들은 남들 눈을 너무 생각 안 한다니까.'

기쁨을 주는 일을 좇고자 노력하는 것은 모든 욕구를 충족시켜 줄 수 있는 마법의 '무언가'를 찾아 헤매는 끝없는 여정과 같다. 하지만 재물을 가졌다고 성공한 것은 아니다. 우리가 좇는 것이 기쁨이 아니라면 대체 무엇일까?

인간은 쥐가 아니다

1953년, 제임스 올즈James Olds와 피터 밀너Peter Milner는 쥐의 뇌에 전극을 이식하고, 쥐가 레버를 누르면 전극을 통해 자극이 가도록 했다. 쥐가 계속해서 레버를 눌렀기 때문에 올즈와 밀너는 '쾌락 중추'를 발견했다고 생각했다. 쥐는 먹지도 자지도 않았으며, 성행위조차 하지 않았다. 전기가 흐르는 장애물도 쥐들을 단념시키지 못했다. 쥐는 자극을 경험하기 위해 새카맣게 탄 발로 계속해서 레버를 눌렀다. 레버를 눌러서 오는 자극만이 중요했다.

수년의 시간이 흘러, 인간을 대상으로 비슷한 실험을 진행하면서 과학자들은 쥐가 경험한 것이 기쁨이 아니라는 사실을 발견했다. 사람들은 그것을 일종의 강렬한 흥분과 기대라고 묘사했다. 그것은 뭔가 대단한 일이 일어나기 직전에 느끼는 감정이었다. 매번 철렁할 때마다 사람들은 그 강렬한 순간을 유지하고 싶어 했지만, 쾌감은 채워지지 않았다. 쥐와 사람이 모두 경험했던 그 느낌이 바로 중독이다. 실험 대상자가 된 인간들도 쥐와 똑같이 중독되었고, '기쁨' 버튼을 눌러 채워지지 않는 심리적 고통이라는 즉석 지옥을 자신에게 투여했다.

당신의 뇌나 나의 뇌도 다르지 않다. 우리는 행복해지고 싶은 욕망에 중독되어 있다. 그리고 중독자가 있는 곳에는 마약상이 있게 마련이다. 그래야 멈추지 않고 기쁨을 좇을 수 있을 테니까. 광고와 소셜 미디어, 즉석에서 선택하고 버리는 것에 중독된 사회

분위기 속에서 당신한테 누르라고 갖다 대는 가짜 기쁨 버튼은 안성맞춤이다.

영국 철학자 앨런 와츠Alan Watts는 이런 과정을 다음과 같이 묘사했다.

어린이집에 가면 유치원에 갈 준비를 한 거라고 말한다. 1학년이 되고, 2학년이 되고, 3학년이 된다. 그들은 당신이 단계를 밟아 점점 높은 곳에 올라갈 거라고 말한다. (그런 다음에는 고등학교와 대학교가 있고) 대학을 나와서 정장을 입고 학위를 가지고 비즈니스의 세계로 들어간다. … 결국에는… 어느 날 아침 회사의 부사장으로 깨어나 자신에게 이렇게 말할 것이다. "드디어 다 이루었어. 하지만 난 속은 거야. 뭔가를 놓쳤어." (그리고 은퇴하면) 인생의 목표를 달성했다고 생각한다. … (하지만) 당신은 유령이다. … 당신은 어디에도 존재하지 않는다. 왜냐하면 당신은 들어본 적도, 깨달은 적도 없기 때문이다. 영원한 것은 바로 지금이라는 것을.

와츠는 우리의 삶을 실험 속 쥐들처럼 묘사하고 있다. 이는 심리 치료사이자 《현명한 마음, 열린 마음: 위기, 상실, 변화의 시대에 의미와 목적 발견하기*Wise Mind, Open Mind: Finding Purpose and Meaning in Times of Crisis, Loss, and Change*》(2009)의 저자인 로널드 알렉산더Ronald Alexander 박사가 '갈구하는 마음Wanting Mind'이라고 묘사했던 사고방식이다.

나는 그에게 이 개념에 대해 더 상세히 설명해 달라고 부탁했다. "서양 문화는 당신이 성공한다면, 더 갈구한다면, 더 가진다면, 뭔가 더 한다면, 마침내 행복감과 성취감에 도달할 것이라는 단 하나의 생각에 모든 것이 맞춰져 있습니다. 그것은 환상입니다."

알렉산더 박사는 '갈구하는 마음'이라는 개념을 표현까지도 딱 들어맞는 불교 용어 '아귀餓鬼, hungry-ghost'* 와 연결시켰다. "원하는 것을 갖지 못했을 때 당신은 고통받는다. 그러고 나서 원하는 것을 갖게 되면 '그것'이 아픔과 고통을 준다는 사실을 깨닫는다." 그는 그 이유를 이렇게 설명한다. "만약 당신의 자아가 주로 자기 외부의 어떤 것으로 내면의 공허감을 채울 수 있을 거라는 믿음에 집착한다면, 자신을 행복하게 해줄 거라 기대한 것을 얻게 됐을 때 '아, 이럴 수가. 내 영혼 깊은 곳에 닿거나 상처를 치유하지는 못하는구나' 하고 깨닫게 될 것이다."

하지만 당신은 아귀의 삶을 살 운명이 아니다. 전기 자극을 위해 기쁨 버튼을 계속 누르는 쥐처럼 살 필요가 없다. (내가 인생을 죽기 전까지 벗어날 수 없는 고통과 절망의 쳇바퀴라고 말한다면, 이 책을 자기계발서라고 부를 수 없을 거다.) 인생의 성취감과 '갈구하는 마음'의 차이는 무엇을 해왔고 무엇을 가졌느냐에 있지 않다. 알

---

* 배가 산처럼 크고 목구멍은 바늘처럼 좁아 늘 배고픔의 고통을 당한다고 여겨지는 육도의 중생을 가리키는 불교 용어.

렉산더 박사가 '만족과 행복 지수contentment and happiness quotient'라
고 부르는 것에 달려 있다.

원하는 것을 줄 거라 생각했던 것에 도달했을 때, 만족과 행복
지수가 높다면 쾌락, 즐거움, 포부, 업적, 성취를 경험할 수 있으
며 그것이 당신을 채워 줄 것이다. 성취감, 목적, 의미, 유대감,
내가 하는 일이 중요하고 내가 중요한 사람이라는 느낌이 당신
의 만족과 행복 지수가 유지되도록 도와줄 것이다.

당신은 알렉산더 박사가 열거한 것 중 어떤 것도 돈을 주고
살 수 없다. 아마존 프라임 멤버십을 가지고 있다고 해도 말이다.
그리고 어떤 것을 '따라간다'고 해서 캠벨이 묘사한 뜻깊은 성취
감과 만족감에 이를 수는 없을 것이다. 기쁨은 도달하는 것이 아
니다. 기쁨은 만들어 내는 것이다. 하지만 기쁨은 무에서 생겨나지
않는다. 기쁨은 일단 보다 원초적인 것, 당신의 그릿grit을 잡겠다
고 선언하는 것에서 시작한다.

그릿을 붙잡아라
#좋은조언

'좇아라Follow'보다는 '붙잡아라Grip'라는 말이 조언으로서 더 그

럴듯하다. 주체적이니까. 뭔가를 붙잡으면 장악력과 더불어 이해력이 생겨난다. 인류를 위대하게 만드는 것 중 하나가 이 '붙잡는 힘'이다. 인류학자들은 손가락으로 뭔가 쥐는 행위를 가능하게 하는 엄지를 대단한 것으로 자주 추켜세운다. 엄지는 기술, 과학, 그리고 자위행위에 이르기까지 유례없는 발전을 이루게 해줬다. 그런데 붙잡는 능력은 물리 영역 밖에서도 찾아볼 수 있다.

인간은 의미를 찾기도 하지만 의미를 만들어 내기도 하는 생물이다. 심리학자들의 이론에 따르면 이는 생존 본능에서 비롯된 것이다. 인생에서 의미를 찾거나 만들어 내는 행위는 당신과 당신을 둘러싼 세계의 의미를 더욱 확실하게 붙잡고 이해할 수 있도록 해준다. 이를 통해 당신은 세상에 더 잘 적응하고 번영할 수 있게 된다.

의미가 그렇게 중요하다면, 도대체 '그릿grit'은 뭐란 말인가? 그릿은 인생이 당신에게 한 방을 날릴 때, 그것을 견디게 해주는 갑옷과 같은 것이다. 그릿은 바라는 것을 얻고자 전념하는 책임감을 중시하는 지혜다.

심리학자 앤절라 리 더크워스Angela Lee Duckworth는 그릿을 광범위하게 연구하고 기록했다. 그녀는 그릿을 다음과 같이 묘사했다. "장기적 목표를 위한 열정과 인내이다. 그릿은 쉽게 지치지 않는다. 그릿은 한 주, 한 달 만이 아니라 수년 동안 매일같이 당신의 미래에 달라붙어 그 미래가 실현되도록 정말 열심히 일하고 있다. 그릿은 단거리 경기가 아니라 마라톤처럼 인생을 사는 것이다."

그릿은 영웅적이다. 그릿은 우리가 좋아하는 '약자의 승리'에 필수 요소다. 우리는 그릿 이야기에서 영감을 받는다. 〈로키〉나 〈해리 포터〉 시리즈와 같이 피땀 흘려 노력해 역경을 헤치고 뭔가를 성취한 사람들에 관한 이야기 말이다. (그리고 언젠가 여기에 유색인종 여성 주인공의 시리즈물이 포함되길 바란다.) 사람들이 이런 이야기를 좋아하는 이유는 이들 이야기가 우리가 갖기 바라는 것, 바로 '그릿'을 반영하기 때문이다. 당신은 그것을 희망할 필요조차 없다. 단언하건대, 당신은 이미 그릿을 가지고 있다. 그릿과 그릿이 만들어 내는 영웅적 행동은 생각보다 쉽게 찾아볼 수 있다.

더크워스는 미 육군사관학교의 생도부터 전국철자법대회 우승자, 민간 부문의 최고 실력자들을 연구했는데, 배경, 나이, 인종, 재능은 각기 달랐지만 그들은 모두 공통된 특성 한 가지를 공유하고 있었다. 그들은 모두 '그릿'을 가지고 있었다. 나의 그릿은 이 책을 쓰는 데 사용되었으며, 당신은 그릿 덕분에 이 책을 읽게 된 것이다.

나는 '그릿'이라는 단어가 좋다. (앤절라, 고마워요!) 그것은 일단 알갱이가 느껴지며 파괴되지 않을 것 같은 느낌을 준다. 뭔가 거칠고 야생적인 느낌이다. 그릿은 현대 사회의 자기계발 유행어가 되기에는 세련된 느낌이 부족하다. 쉽거나 빠르지 않다. 항상 고통이 없는 것도 아니다.

그릿을 가지고 살아가는 사람들gritty people은 성공과 실패를 한순간이 아닌 연속선상에 있는 것으로 지각한다. 그릿은 자신의 가치와 능력이 영웅적 수준으로 강하다는 신뢰이다. 당신이 지쳐서 나가떨어졌을 때 다시 돌아오도록 힘을 주는 연료이다. 그릿을 가진 사람은 항상 모든 것이 쉬울 거라 기대하지 않는다. 어려워지는 순간에도 당신이 그것을 감당할 수 있다는 걸 아니까.

그런데 이 놀랍고도 경이로운 붙잡는 능력과 그릿을 가지고도 인간이란 생물은 가끔 일을 망친다. 특히 #나쁜조언을 의심 없이 받아들일 때가 그렇다. 당신은 '기쁨을 주는 일을 좇아라'라는 조언을 따르면서 의미를 찾거나 만들 수 있을 거라고 생각할지 모른다. 하지만 당신은 어디에도 도달할 수 없는 환영을 쫓게 될 것이다. 그럴 때 당신에게 필요한 것은 그릿이 아니라 쥐의 앞발과 쾌락 버튼일 뿐이다.

아, 물론 나도 이해한다. "인생의 의미와 목적을 어떻게 찾는가?"라는 질문은 "무슨 일을 하세요?"라는 질문만큼 대답하기가 부담스럽다. 여전히 대답하지 못해서 힘든가? 그럴 필요 전혀 없다. 사실 당신은 대답할 필요가 없다. '그릿을 붙잡기' 위해 완전히 다른 종류의 질문에 대답하게 될 것이기 때문이다.

살면서 어떻게 돌려주고 싶은가?

내가 중요한 일을 하고 있으며 그 일 덕분에 타인과 뜻깊게 연결된다고 느낄 때, 당신은 자신의 일을 사랑하게 될 것이다. 살면서 어떻게 베풀고 싶은지 스스로에게 물어보라. 그러면 세상으로부터 얻고 싶은 것에서 세상에 주어야 하는 것으로 당신의 초점이 옮겨 갈 것이다. 이것은 쉽고 즐겁기만 한 일이 아니다. 때로 스트레스를 받기도 하고, 절망스럽거나 지치는 기분도 들 것이다. 그래도 지루하거나 방향과 목적을 상실한 것 같은 기분은 들지 않을 것이다. 내가 누구이며, 왜 그 일을 하는지 이해하게 될 것이다. 왜냐하면 당신은 그릿을 붙잡게 될 테니까.

한 직장에서 관찰된 증거가 이를 뒷받침해 준다. 그런데 이곳은 당신이 쉽게 예상할 수 있는 직장은 아닐 것이다. 조직행동학 교수 에이미 브제스니에프스키Amy Wrzesniewski는 병원 잡역부가 자신의 일에서 찾은 의미를 밝혀냈다.

한 사람은 혼수상태인 환자들을 위해 병실마다 걸린 그림을 교체했는데, 그렇게 함으로써 환자들에게 조금이라도 도움이 될 거라는 희망 때문이었다. 또 다른 청소부는 환자 아버지를 안심시켜 주고 싶어서 하루 두 번씩 바닥을 닦았다. 첫 번째는 정말로 깨끗이 하기 위해서였고, 두 번째는 깨끗이 하고 있다고 안심시키기 위해서였다. 또 다른 사람은 겨우 잠든 환자의 가족을 깨우지 않기 위해 나중에 문제가 될 수 있다는 걸 알면서도 일부러 청소를 건너뛰었다.

그들이 이런 배려를 했다고 누군가 공식적으로 알아주는 것도 아니었고, 돈을 더 받는 것도 아니었다. 한마디로 인정을 바라고 한 일이 아니었다. 그들이 그렇게 할 수 있었던 것은 자신이 하는 일에서 진정한 성취감과 의미를 발견했기 때문이었다. 분명 그들의 일은 중요했다. 그리고 더 나아가 '그들'도 중요했다. 그들은 그릇을 붙잡는 과정에서 대부분의 사람들은 거의 느끼지 못하는 성취감과 의미(다른 말로 하면 기쁨)를 발견했다.

당신이 하는 일이 병원 잡역부가 아니더라도, 바라건대 무엇이 '뜻깊은 일'을 만들어 주는가에 대한 관점이 조금은 더 예상치 못한 곳을 향해 열렸으면 좋겠다. 우리 아빠도 내게 이걸 가르쳐 주셨다.

아빠는 거의 45년을 한 가게에서 자동차 정비공으로 일하셨다. 아빠가 자란 곳은 필라델피아 외곽, 이탈리아 노동자들이 모여 사는 동네였는데, 내가 알기론 그 누구도 아빠에게 '기쁨을 주는 일을 좇아라'라고 말해 준 사람은 없었다. 그리고 장담하건대 우리 아빠가 이 세상에서 가장 기쁜 자동차 정비공으로 당신을 놀라게 하는 일은 없을 것이다.

"안녕, 아빠. 잘 지냈어요?" "종일 일했지. 너는 어떻게 지냈니?" 나는 아빠에게 적어도 한 번 이상 이렇게 물었다. "다른 일 해보고 싶은 생각 없으세요?" 그의 대답은 늘 같았다. "왜? 나는 거기서 동료들과 함께 일하는 게 좋은걸."

우리 아빠가 그렇게 생각한 이유는 정비공 일이 좋을 뿐만 아니라 그 일이 아빠를 중요하고 가치 있는 사람으로 만들어 주며 다른 사람들과 연결되어 있다고 느끼게 해주기 때문이었다. 그 일은 아빠에게 고유한 기술을 배우고 연마하며 전달할 기회를 주었다. 정비공으로 일함으로써 아빠는 자신이 중요한 사람이라고 느꼈을 것이다. 실제로 그러했으니까. 그러니 왜 붙잡은 그릿을 놓겠는가?

즐길 수 있고 다른 사람들과 연결되어 있으며 세상을 돕고 있다는 느낌을 주는 무언가를 찾는다면, 당신은 그릿을 붙잡게 될 것이다. 당신이 기쁨을 주는 일을 좇으려 했다면 절대 찾지 못했을, 일에 대한 열정을 발견할 것이다. 리얼리티 프로그램 〈더러운 직업들Dirty Jobs〉*의 진행자 마이크 로Mike Rowe는 다음과 같이 현명한 말을 했다. "열정은 좇는 게 아닙니다. 지니는 거지, 절대 따라가는 게 아니에요."

열망하는 미래의 모습은
이미 당신 안에 있다

모든 살아 있는 것들은 과학과 영적인 측면에서 모두 밖으로 뻗어 나가는 무의식적 에너지가 있다. 이는 생물학적 현실이다. 씨앗은 나무가 되어 뻗어 나간다. 알은 새가 되어 뻗어 나간다. 인간도 뻗어 나간다.

- 〈더러운 직업들〉은 2005년부터 디스커버리 채널에서 방영하고 있는 리얼리티 쇼이다. 진행자 마이크 로가 직접 힘들고 '더러운' 직업들을 경험하는 모습을 보여 준다.

세포 분열이 잘되고 있는지, 폐에서 이산화탄소와 산소의 교환이 적절히 이루어지고 있는지 마지막으로 확인한 게 언제인가? 그럼에도 신체는 당신이 '잠들었을 때조차' 이 일을 하고 있다. 당신은 이러한 생물학적 기능을 가능하게 하는 지능을 타고났다. 그리고 자각하진 못하겠지만 '당신이 누구인지', '무슨 일을 할지'를 아는 지능도 당신 안에 있다. 알고 싶은가? 그러면 다음과 같은 질문을 던져 보라.

당신은 누구인가? 진리를 추구하는 사람? 선생님? 예술가? 이야기꾼? 치료사? 건축가? 계획을 세우는 사람? 조언자? 수호자? 아니면 이 중 일부 혹은 전부를 합한 존재이거나 여기에는 없는 다른 어떤 존재인가?

당신이 모른다고 해도 괜찮다. 다음 질문으로 넘어가라. '그냥 특별한 이유 없이 하는 일이 무엇인가? 8시간 동안 비를 맞아도 행복하게 줄 서서 기다릴 수 있는 일이 무엇인가? 하다 보면 시간 가는 줄 모르는 일이 무엇인가? 돈에 상관없이 하는 일이 무엇인가?' 당신 대답이 무엇이든, 그것이 당신이다. '무슨 일을 하는지'가 '당신이 누구인지' 보여 주는 것이 아니라 '당신이 누구인지'가 '무슨 일을 할지'를 드러낸다.

일단 그것이 무엇인지 알게 되면, 타인을 위해 어떻게 그 일을 할지 고민하라. 이 과정을 통해 강력한 유대감을 구축하게 되는데, 당신이 타인에게 도움을 줌으로써 즐거움을 찾는 법을 발견했기 때문이다. 이는 직업적인 상황에도 적용할 수 있다(다시 말해 '돈을 받으면서도 할 수 있다'는 말씀). 당신이 의도적으로 이기심을 이타심으로 바꾼다면 그릿을 붙잡는 쪽으로 길이 열릴 것이다.

서맨사라는 여성이 처음 나를 만나러 왔을 때, 그녀는 자신이 선생님이라는 사실을 깨닫지 못한 채 은행원으로 살고 있었다. 하지만 '자신이 하고 싶었던 것'에 대해 그녀와 대화를 나누는 동안, 서맨사가 타고난 선생님이라는 사실이 점점 분명해졌다. 그녀는 살면서 자신이 다른 사람에게 지식을 전달할 때 유대감을 느끼고 의미를 발견했다는 걸 깨닫게 되었다.

하지만 선생님으로서 여러 사람 앞에 서야 한다는 사실은 여전히 그녀를 두렵게 했다. '선생님이 하는 일은 뭐지?'라는 질문에 답하기 위해서는 호기심과 창의성이 필요했다. 그녀는 시야를 더 넓힐 필요가 있었다. 그리고 결국 조사 끝에 작업 치료 occupational therapy 분야를 알게 됐다. 그녀는 현재 일대일로 아기와 유아를 가르치는 일을 하고 있으며, 그 일은 그녀의 마음과 정신, 영혼 그리고… 지갑까지 살찌우고 있다.

'준비'란 전념을 통해서만
도달할 수 있는 위치다

'그릿을 붙잡는 힘'은 딱 당신이 그것에 전념하는 만큼 강해진다. 당신은 전념commitment을 어떻게 정의하는가? 당신은 전념을 정의

하는 것이 가능한가? 우리 사회는 그것을 이해하는 데 모순된 입장을 가진 것처럼 보인다. 전념을 '원인, 활동 등에 헌신하고 있는 상태 혹은 자질'이라 정의하기도 하지만, 또 다른 정의는 '행위의 자유를 제한하는 약속이나 의무'라고 설명한다. 이러한 이중 정의가 문제다.

너무 많은 사람이 헌신과 헌신 때문에 받는 제약, 이 두 가지를 헷갈려 한다. 전념이 우리를 가두기라도 하는 것처럼, 전념을 경직된 상태에 있는 것으로 생각한다. 하지만 사실은 그 반대이다. 진정한 전념은 유연하고 조정 가능하다. 융통성 있게 행동할 수 있어서 전념이 자신을 가둔다는 느낌을 주지 않을 때, 당신은 동기가 생기는 느낌을 받는다. 전념은 '동기' 부여에 도움을 줌으로써 그릿을 붙잡게 해준다.

동기: 당신이 조금만 손대면
알아서 큰일을 하는 것

동기부여를 성격상의 강점character strength이라고 생각하는 사람이 많은데, 사실은 그렇지 않다. 동기부여는 하나의 감정이다. 그리고 다른 감정들과 마찬가지로 밀물과 썰물이 있다. 동기부여는 일종의 감정으로, 자극에 대한 비자발적 반응이지 선택할 수 있는 상태가 아니다. 무엇에 동기부여가 되는지는 사람마다 다르겠지만, 누구나 어떤 식으로든 동기가 부여된 느낌을 받는다.

당신도 마찬가지다. 바로 동기가 부여되었다는 느낌을 받지 못하더라도, 스스로 동기부여가 되도록 도움을 줄 수 있다. 무언가에 전념함으로써 동기를 당신의 삶으로 초대할 수 있는 것이다. 당신이 딱히 운동하러 가는 데 동기부여가 되지 않는다 하더라도, 억지로라도 전념하다 보면 어느 시점에서 동기가 생기는 느낌을 받기 시작할 것이다. 그렇게 되면, 당신은 전념과 동기를 벼려 그릿을 붙잡을 수 있게 해주는 또 다른 도구Grit-Gripping tool인 '의지력 willpower'을 만들 준비가 된 것이다.

의지는 아직 드러나지 않은 것을 위해
앞에 놓인 것을 포기할 수 있는 것

사람들은 의지력을 있거나 없거나 둘 중 하나로 결정되는 타고난 덕성virtue인 것처럼 이야기한다. 하지만 그건 말도 안 되는 소리다. 의지력은 비판적 사고, 자기 관찰적 자아 또는 세련된 성적 상상력처럼, 단련이 가능한 심리적인 근육이다. 훈련하면 할수록 점점 더 강하게 발달한다. 그리고 의지력을 훈련하기 위해 전념 수준까지 갈 필요도 없다. 연구에 따르면, 평소에 주로 쓰는 손이 아닌 다른 손으로 이를 닦거나 문을 여는 간단한 행동만으로도 의지력을 단련할 수 있다고 한다. 그렇게 함으로써 즉각적인 현실의 변화를 만드는 자신의 능력에 대한 신체 감각이 생겨난다. 전념, 동기, 의지력은 그릿을 붙잡고 유지하는 데 필수적이다. 당신이 그릿을 놓치고 싶지 않다면, 조정할 필요가 있다.

운명은 당신이 걸어가는
방향에 따라 바뀐다

'적응adapting'은 '포기abandoning'와 다르다. 다른 걸 시도해 보고 무엇을 싫어하는지 발견하는 것이 어쩌면 당신이 좋아하는 것을 찾는 유일한 방법일지 모른다. 방향을 바꾸는 것은 과정 중 일부다. 그 일이 즐거움을 줄 거라는 당신의 기대가 틀렸다면, 다른 걸 시도해 보라. 당연히 그러지 않겠나?

공상과학 소설가 로버트 하인라인Robert Heinlein은 그의 책《사랑하기 충분한 시간Time Enough for Love》(1973)에 "전문화는 곤충한테나 필요한 거다"라고 썼다. 그는 개미나 벌은 평생 단 한 종류의 일만 하도록 만들어졌을지 몰라도, 당신은 무한한 잠재력을 담고 있는 그릇과 같은 존재라는 말을 하려던 것이다.

기술혁신 회사 X(전 '구글X')의 이사 아스트로 텔러Astro Teller는 결과가 좋지 않은 프로젝트를 자발적으로 끝낸 직원들에게 보너스를 주었는데, 그것은 일이 잘되지 않아서 방향을 바꾸는 것이 '실패'가 아니라는 걸 이해하고 있었기 때문이다. 생각을 바꾸는 것은 실패가 아니다. 하나를 멈추고 또 다른 것을 시작하는 것은 실패가 아니다. 그리고 솔직히 완전히 멈추는 것은 당신이 죽었을 때나 가능하다. 당신은 아직 살아 있으니… 얼마나 간절히 바라든, 완전히 멈출 수는 없다.

인생은 고정된 결과물이 아니라
움직이고 변화하는 과정이다

내 친구 마이클은 아주 크게 성공한 인터넷 회사의 CEO로, 처음 만났을 때는 그가 이렇게 될 것이라고 전혀 예상하지 못했다. 당시 그는 메릴랜드 의과대학 최고의 레지던트였다. 그가 최고의 레지던트가 되는 데 영향을 준 창의력, 호기심, 추진력은 그가 진로를 바꾸는 데에도 똑같이 영향을 미쳤다. 이미 의과대학을 졸업하고 의대생들을 가르치고 있었다는 사실도 그를 막지 못했다. 마이클은 의과대학을 완전히 떠나 막 떠오르기 시작한 분야에서 회사를 차렸다.

누군가는 그 결정을 '실패' 혹은 '엄청나게 멍청한 실수'라고 생각했을 수도 있다. 하지만 깜짝 놀랄 소식을 하나 말해 주겠다. 바로 그 변화 덕분에 그는 완전히 충만한 인생을 살고 있다. 마이클은 레지던트로서 보낸 시간을 후회하지 않았다. 그것은 생물학과 의학, 과학에 대한 그의 갈망을 채워 주었다. 그는 의사로서 그릿을 붙잡을 수 있었고, 이어서 기업가로도 그릿을 붙잡았다. 전념이 향하는 방향이 변하고 직업도 바뀌었지만, 마이클은 여전히 그릿을 붙잡고 있었다.

그릿을 잘 기르는 것은 뭔가를 붙잡는 것 이상을 의미한다. 그것은 당신에게 단단한 토대를 제공한다. 무엇을 할지에 대한 선택은 바뀔 수 있지만 그릿을 붙잡는 태도는 꾸준히 유지된다.

배움은 죽을 때까지 계속된다

어떻게 '그릿을 붙잡을지'에 대한 자세한 사항을 알았다면, 자신의 분야에 뛰어들어 할 수 있는 한 많이 알아내라. 그 일을 업으로 삼으려 한다면, 적당히 하는 것으론 안 된다. 제대로 보여 주어야 하고… 또한 그렇게 되기를 바랄 것이다. 그것은 기술과 실력을 갈고닦는 걸 의미한다. 필요하다면 수업을 듣거나 직업 훈련을 할 수 있겠지만, 모든 분야에 공식 교육과정이 있는 건 아니다.

당신과 비슷한 분야에서 이미 그릿을 붙잡은 사람들의 '직업 공동체professional community'를 찾는 것이 수업을 듣거나 교육을 받는 것보다 더 중요할 것이다. 앤절라 더크워스가 '그릿 멘토gritty mentor'라고 부르는 사람들을 찾아야 한다. 이메일을 보내고, 전화를 걸어라. 감사의 표시로 커피도 한잔 사라. 그들이 어떻게 시작했으며 무엇이 도움이 되었는지, 어떻게 배웠는지 등을 알아내라.

그릿 멘토는 친구일 수도 있고, 당신이 존경하는 사람 혹은 건너 건너 아는 사람이 될 수도 있다. 꼭 같은 직업을 가진 사람일 필요는 없으며, 그들이 그릿을 붙잡은 경험이 당신이 그릿을 붙잡은 상태를 유지하는 데 영감을 준다면 누구라도 상관없다.

그릿에 고통이 따르지 않는 것은 아니다

그릿을 붙잡은 상태를 유지한다는 것은 실천이자 과정이다. 그 과정은 이미 시작됐다. 그릿을 붙잡기 위해 오랜 기간 전념할 수 있으려면 자신에 대한 진정한 이해가 있어야 한다. 자신에 대해 잘 안다는 것은 어떤 방식으로 세상에 돌려줄 것인지를 안다는 뜻이며, 내면의 힘과 의지력을 기르게 될 것이라는 걸 의미한다.

이 모두는 그릿의 필수 요소이지만, 이것으로는 자신만의 그릿을 완성할 수 없다. 그릿을 붙잡는 데는 많은 실전 훈련이 요구된다. 그리고 그런 훈련의 일부는 음, 고통스럽다. '그릿을 붙잡는 일'은 개판이 되고, 무너지고, 겁에 질린 상태가 실제로 '당신이 제대로 하고 있다'는 신호가 되는 드문 일 중 하나이다.

전념 상태가 흔들리는 법이 없고 의지력이 신의 경지에 다다랐다 해도 '그릿'을 붙잡는 동안에는 엿 같은 날도 있게 마련이다. 다른 사람에게 비판을 당하기도 하고, 경쟁도 해야 한다. 미친 듯이 일하며, 제대로 자지 못하고 끼니를 거르는 때도 있을 것이다.

때론 목표를 놓치기도 할 것이다. 자신을 의심할 것이다. 그런데 그 모두가 필요한 것들이다.

비판이 정직하고 건설적이라면, 그것을 받아들여야 일을 더 잘할 수 있다. 경쟁은 당신에게서 더 나은 모습을 끌어내며, 지혜로움과 창의성에 영감을 줄 수 있다. 또한 자신을 의심하는 매 순간은 그 의심이 틀렸음을 증명하는 또 하나의 기회가 될 것이며, 자신감을 북돋울 것이다.

성취를 이룬 모든 이가 성취를 위해 고군분투하기만 했던 것은 아닐 것이다. 그들은 자기 회의에 시달렸다. 자기 회의는 '내가 정말 이 일을 할 수 있을까?', '내가 진짜 준비가 된 걸까?'라고 속삭이며 행동하도록 밀어붙인다. 당신이 뚫고 가야 하는 모든 장애물은 그릿을 붙잡을 수 있는 또 다른 기회이다.

더크워스는 그릿의 이러한 측면을 "희망을 가지고 머무는 것"이라고 설명한다. 그런데 희망이란 진짜 뭘까? 그것은 일종의 용기이다. 그리고 앞으로 당신은 용기가 필요할 것이다. 당신이 반복해서 마주치게 될 장애물 중 하나가 두려움이기 때문이다.

당신이 미루고 있는 바로 그것이
모든 걸 바꿀 수 있을지 모른다

당신이 '그릿을 붙잡는 것'을 미루고 있다면, 그것은 아마도 뒤따라올 실패나 부정적인 결과가 두렵기 때문일 것이다. 당신이 두려워할 때 어떤 일이 벌어질까? 뇌의 원시적 영역인 편도체는 공포를 감지하고 당신을 투쟁이나 도피, 혹은 경직 상태로 만든다. '꾸물거림'은 일종의 경직 상태다.

하지만 당신은 용기를 낼 수 있다. 두려움에 도전하라. 두려움을 현실적으로 검증해 보라. 가정을 통해 나올 수 있는 모든 결과를 머릿속으로 따라가 보라. 당신의 두려움은 얼마나 현실적인가? 벌어질 수 있는 최악의 상황이 무엇인가? 최고의 상황은? 최고의 상황은 최악의 상황을 무릅쓸 만한 가치가 있는가?

두려움이라는 감정은 인간이 자신을 보호하도록 진화했으며, 실제로 그렇게 한다. 하지만 당신이 두려움을 위해 진화한 것은 아니다. 당신은 그릿을 붙잡기 위해 진화했다.

셀 수 없이 많은 작은 승리가 모여
장대한 결과를 이룬다

'그릿을 붙잡는 일'은 한 번에 거두는 커다란 승리가 아니다. 그것은 작은 승리가 모인 결과다. 작가 제임스 알투처James Altucher는 이것을 1퍼센트 법칙이라고 말한다. 매일 단 1퍼센트씩 완수하는 것이 미래에 거대한 성취를 가능하게 해준다는 의미다.

한 단계씩 나아가며 얻은 작은 승리가 모여 당신의 능력, 잠재력 그리고 기회에 있어 비약적인 발전을 이끌게 된다. 개인적인 수준에서 1퍼센트의 투자는 대단해 보이지 않을 것이다. 하지만 여느 좋은 투자들이 그러하듯, 그 1퍼센트는 이자에 이자가 붙어 엄청나게 불어날 것이다.

알투처에 따르면, 매주 1퍼센트씩 향상될 수 있다면 1년에 365퍼센트가 아니라 '3,800퍼센트' 향상된다고 한다. 전날 향상된 양이 더해진 상태에서 1퍼센트를 계산하기 때문이다.

인생에서 기술, 취미, 사랑하는 방식, 건강, 자세 등 무언가를 하루에 1퍼센트씩 향상시키기 위해 전념하는 모습을 그려 볼 수 있는가? 1퍼센트 향상된 내일은 그려지겠지만, 지금으로부터 1년 뒤 3,800퍼센트 향상된 모습은 어떨 것 같은가? '붙잡은 그릿'은 복리로 돌려준다. 의지력을 이용해 전념하라. 지금 당장 시작하라.

당신은 두려움조차 활용할 수 있다. 두려움은 전념을 강화하는 데 도움이 되기 때문이다. 두려움은 저항을 생성한다. 역기 들기나 자전거 타기가 근육을 강화하는 것은 역기나 자전거가 주는 물리적 저항을 이기고자 근육이 더 열심히 일하기 때문이다. 두려움이 만들어 내는 저항은 하나의 조력자다.

함께 나아가라. 지속적으로 전념해 두려움과 맞섬으로써 당신은 더 강하게 그릿을 붙잡을 수 있게 될 것이다.

당신은 인간다워지는
과정 속에 있다

이제 실패와 성공을 얘기할 수 있을 것 같다. 두 가지가 서로 어떻게 연결되는지, 실패에 어떻게 대처하고 성공은 어떻게 이룰지 등을 말이다. 하지만 성공과 실패에 대한 조언은 이미 세상에 널리고 널렸다. 우리는 그것들에 과하게 집중한다.

실패와 성공은 항상 고정된 상태가 아니다. 그것들은 그릿을 붙잡는 과정을 통해 스스로 만든 인생의 길에 반복해서 등장하는 간선 도로 표지판 같은 것이다. 그 과정의 중심에 있을 때는 실패와 성공 때문에 길을 잃거나 옆길로 새는 일이 잘 일어나지 않는다. 그릿을 붙잡는 과정은 언제나 계속된다. 공들였던 '성과'를 완수하는 데 실패했을 때조차도 말이다.

당신은 과정 중심적 인간인가, 결과 중심적 인간인가? 여기에는 정답이 없다. 그러나 자신이 어떤 사람인지 아는 것은 도움이 된다. 당신이 과정 중심적 인간이라면, 아마 다른 사람보다 실패와 후퇴에 괴로움을 덜 느낄 것이다. 당신은 그 과정을 성공과 실패 사이를 연결하며 계속 늘어나는 끈이라고 여긴다. 과정 자체는 비파괴적이므로 안심할 수 있는 면이 있다.

과정 중심적 인간이 실패를 기쁘게 여긴다거나 자존심에 상처를 입지 않는다는 말은 아니다. 하지만 그들은 최근의 실패가 어떻게 미래의 성공에 도움이 될 수 있는지 더 쉽게 깨닫는다. 하지만 성과는 성공의 부산물이다. 당신이 결과 중심적 인간이라면 중심을 잃었다고 느끼는 것에 그치지 않고 자책감까지 느끼므로 실패가 더 고통스럽게 다가올 것이다. 누가 그런 기분이 드는 걸 두려워하지 않겠는가? 이는 당신이 여성이라면 특히 더 와닿을 것이다.

어려서부터 여자아이들은 잠재력을 억누르도록 학습된다. 사회화와 문화화 과정에서 여자아이들은 위험을 회피하고 완벽함을 추구하도록 가르침 받는다. 하지만 남자아이들에게는 더러워지는 것을 두려워하지 말라고 하고, 넘어져도 다시 일어나 도전하라고 말한다. 여자아이들에게는 실패를 두려워하도록 가르치는 반면, 남자아이들에게는 실패를 허락하는 것이다.

심리학 교수인 캐럴 드웩Carol Dweck 박사는 초등학교 5학년 학생 그룹을 대상으로 그들 능력 밖의 과제를 내주는 연구를 진행했다. 결과는 어땠을까? 그룹 내 남자아이들은 실수할지 모른다는 것에 조금도 신경 쓰지 않았다. 하지만 여자아이들은 완벽함에 미치지 못할 위험을 감수하느니 포기하는 쪽을 택했다. 사실 여자아이들은 지능이 높을수록 더 빨리 포기했다.

이런 현상은 어른이 되어서도 그대로 이어진다. 휴렛팩커드Hewlett-Packard사의 내부 보고서에 따르면, 여성들은 자격 요건을 100퍼센트 충족할 경우에만 입사 지원했지만 남성들은 자격 요건의 65퍼센트만 충족해도 지원했다고 한다. 이러한 차이는 성별이나 능력에서 오는 것이 아니다. 우리의 문화가 남성의 그릿은 계발하고 여성의 그릿은 억누르기 때문에 생긴 것이다. 이로 인해 종종 여성들은 자신의 재능과 잠재력에 눈을 감아 버린다. 이것이 바로 많은 여성이 자신은 그릿을 붙잡을 자격이나 능력이 없다고 느끼는 이유다. 이건 말도 안 되는 소리다. 그릿은 본래 공평한 고용주다.

그릿을 잡으면
잠재력에 닿을 것이다

지옥이란 죽기 직전에 당신이 '될 수도 있었던' 사람을 만나는 것이라는 말이 있다. 그렇다면 '그릿을 붙잡는 일'은 지옥 탈출행 티켓을 얻는 것과 같다.

'당신이 될 수도 있었던 사람'은 없다. 당신은 이미 그 사람이다. 당신의 과정이 계속될 거라고 말했을 때, 나는 절대 끝나지 않고 계속된다는, 그 단어가 가진 가장 진정한 느낌을 담아 말했다. 하나를 습득한 후 경로를 바꿔 다른 무언가를 시작할 수도 있겠지만, 그래도 당신은 언제나 그 과정 안에 있을 것이다. 이는 당신이 죽을 때까지 끝나지 않는다.

우리 아빠가 부모가 되었을 때, 아빠는 늘 가족 곁에서 돌봐주는 사람이 되는 데 전념하기로 마음먹었고, 그것은 아빠에게 대단한 의미와 성취감을 주었다. (그것이 내가 우리 아빠를 정말 멋지다고 생각하는 이유다.) 아빠는 그릿을 붙잡는 데 전념했다. 아빠는 자신에게 필요한 의미를 성취했다. 아빠에게 있어 인생의 모든 일은 자신의 동기와 가족을 돌보고자 하는 욕구와 연결되어 있었으며, 아빠는 그것을 충족시켰다. 아빠는 그릿을 붙잡았다. 그것은 누구도 도달할 수 없는 영원한 황홀감의 상태에서 이루어진 것이 아니었다. 하지만 아빠는 누군가는 평생을 찾아 헤매고도 결국 찾지 못한 어떤 의미를 발견했다.

내가 '당신의 그릿을 붙잡는 방법'을 알려 줄 수는 없다. 그것을 알아내는 것은 당신 몫이다. 하지만 분명히 말할 수 있는 것은 지금 당신은 어느 때보다 준비된 상태라는 것이다. 두려워하지 마라. 그릿을 붙잡아라.

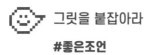 그릿을 붙잡아라

#좋은조언

매일을
마지막 날인 것처럼
살아라

매일을 마지막 날인 것처럼 살라고? 오늘이 내 마지막 날이라고 생각했다면, 여기 앉아서 키보드나 두드려 대고 있지 않을 것이다. 자신에게 죽음이 닥칠 걸 아는 사람이 할 법한 일을 할 것이다. 죽을 것처럼 울거나, 죽을 만큼 끝내주는 섹스를 하거나 둘 중 하나겠지. 어쩌면 두 가지를 동시에 할 수도 있겠다.

'매일을 마지막 날인 것처럼 살아라'라는 #나쁜조언은 언뜻 낭만적으로 들린다. 다른 #나쁜조언들이 아늑한 카페에서 차 한 잔 마시는 장면에서 나올 것 같다면, '매일을 마지막 날인 것처럼 살아라'는 테이블을 걷어차고 나가 오토바이에 올라타는 모습을 떠올리게 한다. '젠장, 24시간이 지나면 난 벌레 밥이 된다고! 욜로YOLO, You Only Live Once!' 그런 장면은 말런 브랜도Marlon

Brando, 제임스 딘James Dean과 같은 거친 반항아와 (아니면 캐주얼한 재킷을 입은 백인 녀석이나) 사랑에 빠지는 미국 연애물의 이미지에 딱이다!

'매일을 마지막 날인 것처럼 살아라'라는 말은 부유한 선진국에서 안락한 삶을 사는 #특권층을겨냥한조언이다. 그것은 당신이 자신을 돌보고자 하는 욕구와 다른 사람에 대한 책임을 무시한다.

"오늘은 '나'한테 중요한 날이니까 일 안 해. #매일마지막날처럼살테다 #욜로 #다꺼져."

이 #나쁜조언은 감상적인 '나를 먼저 사랑해야 남도 사랑할 수 있다'나 신성한 느낌을 주는 '아무도 허락 없이 당신을 기분 나쁘게 할 수 없다'와 어조가 조금 다를지 몰라도, 그 기능은 같다. 당신이 원하지 않으면 고통도 영리하게 피할 수 있을 거라고 믿도록 사기를 치는 것이다. '매일을 마지막 날인 것처럼 살아라'는 당신에게 후회의 고통 없이 삶을 살 수 있다고 믿게 만든다.

아… 후회, 그것은 상심 못지않게 우리를 가장 두렵게 만드는 정서적 고통이다. 그러나 후회가 존재하는 데는 합당한 이유가 있다. 후회는 당신이 과거에 저지른 실수에 대해 현재 느끼는 사후 충격이다. 이미 지나가 버린 과거는 바꿀 수 없으므로, 당신에게 후회를 불러일으키는 근본 원인도 손댈 수 없다. 후회는 당신이 어쩔 수 없다고 느끼는 고통이며, 감정과 마찬가지로 인간 진화의 산물이다. 후회는 생존을 위해 기능하기 때문에, 당신은 때때로 후회의 감정을 느낄 수밖에 없다.

후회는 실수로부터 배우게 해주는 정서적 경험이다. 당신은 후회의 고통을 피하고 싶어서 같은 실수를 반복하지 않으려고 노력한다. 운전 중에 문자를 하다가 차가 엉망이 될 정도로 사고가 났다면, 후회가 다시는 운전 중에 그러지 않도록 해줄 것이다(알림: 절대 운전 중에 문자 하지 말 것). 그러니까 후회는 당신의 적이 아니다. 존재 이유가 있는 정서 스펙트럼에 속한다.

시간을 낭비한 것에 대해
대부분 후회한다

"해도 후회 안 해도 후회면 하고 후회하는 게 낫다"는 말을 들어본 적 있을 것이다. 인터넷에 검색해 보면 유명 작가의 말이나 영화의 대사, 시 구절이라고 하면서 다양한 버전의 비슷한 조언들이 나올 것이다. 그런데 중요한 것은 누가 말했는지가 아니라 '왜' 그런 말이 그렇게 유명해졌는가 하는 것이다. 그것은 우리가 가진 공통의 두려움을 주저 없이 보여 준다. 아무도 생의 마지막 순간에 다른 선택을 했더라면 더 좋지 않았을까 후회하며 보내기를 원치 않기 때문이다.

인생의 마지막 깨달음이 '망했어'가 되길 바라는 사람은 없다. 하지만 당신이 지금 내린 선택이 먼 훗날 언제, 어떻게 후회의 씨앗이 되어 돌아올지는 알 수 없다. 바로 그 점 때문에 '매일을 마지막 날인 것처럼 살아라'라는 조언이 후회 없이 사는 법을 알려 주겠다고 등장하는 것이다. '모든 것을 해라! 당장! 항상! 매일을 마지막 날인 것처럼 살아라! 빌어먹을!' 이게 무슨 개똥 같은 소린가. 대체 이런 말은 어디서 나온 걸까?

매일을 마지막 날인 것처럼 살 순 없지만,
마지막 날 당신이 살면서 한 일에 대해 만족할 수는 있다

'매일을 마지막 날인 것처럼 살아라'라는 #나쁜조언은 미국의 유명한 두 반항아 무하마드 알리Muhammad Ali와 레이 찰스Ray Charles로 인해 유명해졌다. 혹자들은 논란 많았던 호주의 민족 영웅 조련사 모란트Breaker Morant 덕분이라고도 한다. 하지만 이 #나쁜조언의 기원은 더 오래전으로 거슬러 올라간다.

로마 제국의 황제 마르쿠스 아우렐리우스Marcus Aurelius는 "매일을 마지막 날인 것처럼 살려면, 절대 허둥대지 말고, 무감동하지 말며, 점잔 빼지 말라. 이것이 완벽한 품성이다"라고 썼다. 현대 버전만큼 간명하진 않지만 황제가 콜로세움에서 사자와 맞서는 검투사를 염두에 두고 한 말일 수도 있다.

마르쿠스 아우렐리우스 황제보다 대략 100년 앞선 시기에 로마의 시인 호라티우스Horatius는 '현재를 붙잡아라seize the day'라는 뜻의 '카르페 디엠Carpe diem'이라는 말을 남겼다.

그러나 황제나 시인 모두 #나쁜조언에 대한 책임은 없다. 아우렐리우스 황제가 말한 '완벽한 품성'은 "절대 허둥대지 말고, 무감동하지 말며, 점잔 빼지 않는" 평정 안에서 찾을 수 있다. 다른 말로 하면 살아 있는 마지막 날, 이성을 잃지 않고, 스스로를 다잡으며, 타인의 눈을 의식하지 않음을 의미한다. "인생에서 모든 일을 마치 마지막인 것처럼 행하라"라는 말은 더 집중하고 신중히 행동하라는 뜻이다. 당신이 인생에서 마지막으로 하는 일이라면 확실히 의미가 있기를 바랄 것이기 때문이다.

'카르페 디엠'은 그보다 더 큰 오해를 받아 왔다. 사실 이 말은 호라티우스가 쓴 시의 마지막 구절이다. "내일은 최소한만 믿고, 현재를 붙잡아라." 호라티우스는 내일은 어떤 일이 벌어질지 모르니, 오늘 할 수 있는 최선을 다하라고 말한 것이다. 이는 '매일을 마지막 날인 것처럼 살아라'가 전하려는 바와 정반대되는 말이다.

하루하루는 당신이 부여하는
딱 그만큼의 의미만 가진다

'매일을 마지막 날인 것처럼 살아라'가 #나쁜조언인 이유는 후회의 위험 없이도 즉각적인 만족을 통해 평생토록 충만해지는 길을 찾을 수 있다고 믿게 만들기 때문이다. '지금 당장, 모든 것을 끝까지 즐겨라!' 하지만 끝까지 모든 것을 즐길 수 있으려면 먼저 타인과 교감하며 삶의 목표를 세우고, 의미를 부여하고, 실현해야 한다. 그것은 평생에 걸친 과정이지 즉각적인 무언가가 아니다. 그래서 이 #나쁜조언은 병적으로 고립된 사고방식을 만들어 낼 수 있다.

'내일이면 사라질 테니 오늘 내가 원하는 걸 얻어야겠어, #욜로!'라는 사고방식을 가지고 있다면, 적극적으로 관계를 맺거나 다른 사람에게 영향을 미치며 살기란 어렵다. 이러한 현상이 현대 사회에 미치는 파장은 고통스러우리만큼 명백하다. 오늘날 화석 연료나 담배, 총기 산업을 보면, 모두 미래 세대는 전혀 생각하지 않고 오늘이 마지막 날인 것처럼 살고 있다는 생각이 든다.

#욜로는 못된 인간이 되기 딱 좋은 사고방식이다. '오직' 지금 이 순간의 나 자신에게만 집중하도록 만들기 때문이다. 어느 때고 다른 사람 생각은 요만큼도 하지 않는다. 이는 개인과 기업 차원 모두에서 '너도 엿 먹고 나도 엿 먹자'라는 말이나 같다. 이 #나쁜 조언을 따르는 것이 자신의 미래에 엿 먹으라고 말하는 것이나 마찬가지인 이유는, 미래에 대해 제시할 계획이 없기 때문이다.

그러나 '망쳐 버릴지' 모른다는 두려움, 후회로 가득한 채 죽을지 모른다는 두려움 또한 여전히 실재한다. 그러니 다함께 지금 당장, 그 두려움을 직시하자. 두려움에 가장 효과적으로 대처할 수 있는 방법은 '정보'다. 마지막 순간에 닥칠지 모를 후회를 피하고 싶다면 죽어 가는 사람들이 하는 후회가 무엇인지 알아보면 되지 않을까?

살날은 한정되어 있지만,
풍성함으로 무한히 채울 수 있다

후회는 죽기 한참 전에도 우리를 유령으로 만들 수 있다. 브로니 웨어Bronnie Ware는《내가 원하는 삶을 살았더라면The Top Five Regrets of the Dying: A Life Transformed by the Dearly Departing》(2013)이라는 책을 쓰기 전 호스피스 간호사로 일했다. 그녀는 대부분의 환자가 자신이 누려야 할 성취감이나 만족감까지 희생하며 다른 사람을 위해 살았던 것을 후회하는 모습을 지켜보았다.

환자들은 지나치게 열심히 일했던 것을 후회했다. 자신의 감정을 제대로 표현하는 법을 배우지 못한 것도 후회했다. (나아가 욕구를 충족하는 법도 배우지 못했다.) 그리고 오랜 친구와 연락이 끊어진 것을 후회했다. 웨어가 들었던 흔한 후회의 말은 "나 자신을 더 행복하게 해줬어야 했는데"였다.

여기서 잠깐! 책 전반에 걸쳐 나는 감정을 선택할 수 있다는 생각을 비판했다. 그리고 삶에서 타인과의 유대나 그들에 대한 책임감이 중요하다는 것을 깨닫는 게 얼마나 중요한지 알리는 데 이 책의 상당 부분을 할애했다. 그렇다면 나, 닥터 V의《나쁜 조언》이 순 거짓말이라는 사실이 밝혀지는 순간인가? (스포일러 주의! 적어도 이 부분에서는 거짓말한 적 없다.)

사실 웨어가 쓴 "나 자신을 더 행복하게 해줬어야 했는데"라는 표현은 변화가 두렵고 병으로 인한 장애가 신경 쓰여 자신의 삶에서 뒤로 물러나 있었던 환자들의 후회를 설명하기 위한 것이다. 하지만 '매일을 마지막 날인 것처럼 살아라'라는 말이 그런 후회를 피하게 해줄 수 있을까?

글쎄… 그럴지도. 하지만 내일 죽을 거라고 생각한다면 당신은 다른 사람의 기대를 충족시키는 것 따위는 신경 쓰지 않을 것이다. 일은 제쳐 두고 친구들과 나가 에너지 음료 광고처럼 하루하루를 살아갈 수도 있을 것이다.

그렇다면 '매일을 마지막 날인 것처럼 사는 것'이 불가능하다는 사실은 잠시 잊고, 그렇게 할 수 있다고 가정해 보자. 아마 매일이 생일 파티 같을 것이다. 그러나 결국 그것도 일상이 되면 의미를 잃고 원래의 삶으로 돌아갈 것이다. 그런 삶은 계속 유지될 수 없다. 약물 중독에서 벗어난 사람 아무나 붙잡고 물어보라.

사실 '매일을 마지막 날인 것처럼 살아라'는 아주 조금이지만 도움이 될 수 있는 잠재적 가능성이 있기 때문에 #나쁜조언에서 제외하려고 했었다. 근래 내게 남은 시간이 얼마 남지 않았다는 사실이 새롭게 다가왔다. 내가 좀 더 나이가 들어서 그럴 수도 있고, 가까운 사람들이 세상을 떠났기 때문인지도 모른다. 어쨌든 내게 주어진 시간이 그리 많지 않아 보였다. 그래서 잠자리에 들기 전 나 자신에게 이렇게 묻기 시작했다.

'오늘 나는 최대한 값지게 살았는가? 다르게 하고 싶은 일은 무엇인가? 내일은 어떤 기분이 들기를 바라는가?'

처음에는 오늘을 마지막 날인 것처럼 살았는지 묻고 있다고 생각했다. 하지만 곧 아니라는 것을 깨달았다. 내가 진짜 묻고 있었던 것은 '오늘을 충만하게 살았는가? 오늘 한 일이 어떤 내일을 만들까?'였다. 숨이 꼴까닥 넘어가기 전까지 가능한 한 많은 일을 하는 데 초점을 맞추는 것이 아니라 미래를 준비하고 있었다. 매일을 마지막인 듯이 사는 대신, 매일을 시작하는 것처럼 살고 있었던 것이다. 그것이 이 장의 #좋은조언에 반영된 철학이다.

매일을 당신의 날인 것처럼 살아라
#좋은조언

얘기를 더 진행하기 전에 한 가지 털어 놔도 될까? 나는 자기계발서를 싫어한다. 자기계발서는 인생을 어떻게 살아야 하는지를 알려 준다. 무엇을 어떻게 해야 하는지 말해 준다. 내가 당신에게 #좋은조언을 해줄 때는 그것이 '제안일 뿐'임을 잊지 마라. 당신 인생은 당신의 것이다. 결정도 당신의 몫이다. 내게는 당신을 위한 정답이 없다. 스스로 정답을 찾아라. 나는 기껏해야 당신이 정답을 찾는 데 도움이 되는 잠재적 경로만을 제시할 뿐이다.

자신만의 답을 찾고 의미를 만들어 내는 것이 중요한 이유는 그렇게 함으로써 '자기' 시간, '자기' 인생에 대한 통제감과 권한 및 소유권을 갖게 되기 때문이다. 이것이 바로 '매일을 당신의 날인 것처럼 살아라'가 뜻하는 바다. 당신이 기억하는 한 모든 날은 당신의 것이다.

이 말은 하고 싶지 않은 일을 할 필요가 없다거나, 불쾌한 일을 절대 겪지 않을 것이라거나, 모든 일이 왜, 어떻게 일어나는지에 대해 당신이 늘 이해할 거라는 뜻이 아니다. 당신이 자동조정모드로 인생을 살고 있지 않음을 의미한다. 기계적으로 살지 않는다는 것이다. 당신의 인생은 습관적 행동만을 반복하는 로봇 같은 삶이 되지 않을 것이다.

의도를 가지고 움직이는 인생은 '목적'을 만들어 낸다. '매일을 당신의 날인 것처럼 산다'고 해서, 후회에서 자유로워질 수는 없다. 여전히 개판 치고 후회도 할 것이다. 그러나 유한하고 소중한 시간을 낭비했다는 가슴 아픈 깨달음으로 인생을 마무리하지는 않을 것이다.

'매일을 당신의 날인 것처럼 살아라'라는 말의 의미는 당신이 하는 일에 담긴 목적과 의미를 깨달으라는 것이다. 알다시피 하루하루는 당신이 걸어가야 할 인생이라는 길 앞에 놓인 장애물이다. 넘기 수월한 것도 있고 아닌 것도 있겠지만, 그 모두는 당신이 앞으로 나아가는 데 도움을 줄 것이다.

그렇다면 어디로 향하는 것일까? 내가 이 질문에 답할 수 있게 된 지는 얼마 되지 않았다. (그리고 여전히 답할 수 없는 순간들도 있다.) 그러니 당신과 내가 이 책이 끝나기 전에 알아내야 한다. (어쨌든 이 장이 책의 마지막 장이니까.)

죽을 때는 죽는 일만 하라
다른 모든 일은 죽기 전에 해결하라

캔디 창Candy Chang이라는 예술가는 2009년에 무척 사랑했던 사람을 잃었다. 사랑하는 이의 죽음은 언제나 받아들이기 힘든 것이어서 그녀는 애도 기간 내내 슬픔과 우울감에 시달렸다. 하지만 창은 슬픔 속에서 살아온 삶과 남은 삶에 대한 감사의 마음을 발견했다. 또한 인생에서 무엇이 중요한지에 대한 새롭고 명확한 시각을 얻게 되었고, 그것을 다른 사람들과 공유하기를 원했다.

그래서 창은 친구들로부터 약간의 도움을 받아 뉴올리언스 그녀의 집 근처에 있는 폐가의 외관을 거대한 칠판으로 바꾸었다. 이 거대한 편지의 왼쪽 가장자리 맨 위에는 '나는 죽기 전에…'라는 말이 있었고, 그 밑에는 빈 줄이 이어져 있었다. 밤새 지나던 사람들이 이에 응답하듯, 재치 있는 말에서부터 심오한 말, 가슴 미어지는 말로 벽 전체를 채웠다.

나는 죽기 전에, 그녀 손을 한 번 더 잡고 싶다.

나는 죽기 전에, 사랑하고 사랑받고 싶다.

나는 죽기 전에, 해적질로 재판받고 싶다.

'나는 죽기 전에'는 전 세계로 퍼졌고, 2009년 이래로 아메리카, 유럽, 아시아, 태평양 지역에 있는 많은 사람이 자기만의 '나는 죽기 전에…' 문장으로 빈칸을 채웠다. 샌프란시스코 소마츠 문화센터와의 인터뷰에서 창은 이렇게 말한다.

우리는 종종 죽음에 대해 말하거나 생각하는 것을 꺼립니다. … 언젠가 반드시 죽는다는 비극적 진리 너머에는 이 세상에 우리가 살아 있다는 현재를 상기시키는 밝은 평온이 있습니다. 죽음을 생각할 때면 저를 지치게 하는 속세의 문제들이 적당한 크기로 줄어듭니다. 제게 정말 중요한 문제들은 다시 크고 생생해지고요. 규칙적으로 죽음을 명상하는 것은… 그런 건강한 관점을 회복하고 자신의 삶을 의미 있게 만드는 것들을 기억하게 해주는 강력한 도구가 됩니다.

자, 이 책을 잠시 옆으로 치워 두고 빈칸을 채워 보라. '나는 죽기 전에 _____ 하고 싶다.'

너무 바쁘게 살지 마라
어차피 다 못 끝낸다

좋다. 당신은 죽음을 사색했다. 이곳에 존재하지 않는다는(당신은 죽었으니까) 두려운 개념을 숙고했으니 기어를 바꿔 현재 상황에 초점을 맞춰 보자. 당신은 여기에 살아 있다. 그러니 현재에 머물러라. 이 말을 너무 가볍게 받아들이지 마라. 당신이 늘 '바쁜' 상황에 놓여 있다면 현재에 머물기를 실천하기란 생각보다 훨씬 어려운 일일 테니까.

우리는 일중독 문화 속에 살고 있다. 미국인들은 다른 산업국가의 국민들보다 더 오래 일하고* 적게 쉬며 늦게 은퇴한다. 이런 문화 속에서는 '바쁘다'는 것이 한가한 루저들은 결코 알 수 없는, 일종의 영적 깨우침을 얻기 위한 몸부림처럼 보인다. "캐럴과 통화하기 힘드실 거예요. 바쁘거든요." 사람들은 그것이 영광의 배지라도 되는 양 '바쁘다'고 선언한다.

하지만 진짜 문제는 '바쁜 상태'가 아니라, '바쁘다'라는 말에 담긴 의미다. '바쁘다'는 건 만날 수 없다는 것이다. 당신이 지속적으로 바쁜 것을 내세우고 바쁘다고 느낀다면 정서적으로 어떻게 될까? 다른 사람이나 자기 자신과 어떻게 소통할 수 있을까? 영원히 만날 수 없는 상태인데 현재에 머무는 것이 가능할까? 바쁘지 않은 상태를 가치 있게 여기는 태도를 기르고 싶다면? 그렇다면 조용한 순간을 지키는 데 전념하라.

• 미국의 연간 노동시간은 OECD 평균 1,746시간을 웃도는 1,780시간으로 11위, 한국은 2,024시간으로 3위를 차지하고 있다.

조용한 곳을 찾아라
그러면 모두 들릴 것이다

조용한 순간을 지키는 데 전념하라는 게 무슨 소릴까? 조용한 순간을 쓸데없이 채우려고 하지 말라는 뜻이다. 할 일이 아무것도 없다면, 아무것도 하지 않아도 괜찮다. 앞서기 위해 일하는 것과 앞서 있다고 '느끼기' 위해서 일하는 것은 다르다. 그 차이를 아는 법은 바쁘지 않은 상태에 머무는 것뿐이다. 산꼭대기 같은 곳에서 명상할 필요는 없다. 그냥 느긋해져라. 자신이 짊어진 책임과 기대가 감당하기 힘들다고 느껴지면 자신을 위해 조용한 순간을 만들어라. 시간을 내어 혼자 있을 공간을 확보하라. 그냥 아무것도 하지 말고, 머릿속 움직임을 쉬게 하라. 가능하면 이 과정이 최대한 방해받지 않는 것이 좋다. (물론 응급한 상황은 예외다.) 이것은 '당신'의 시간이므로 자신을 위해 사용할 권리가 있다.

조용한 순간을 만들고 지키는 것은 불가피한 혼잡과 바쁜 일정 속에서 휴식을 가능하게 해준다. 당신은 바쁘지 않은 시간을 규칙적으로 정해 놓을 수도 있다. 눈을 감고 심호흡을 하는 것이든, 온갖 종류의 액정 화면에서 멀어지는 것이든 규칙적으로 조용한 순간을 만들고 지켜라. 다른 말로 하면 바쁘지 않은 상태에 전념하라. 그리고 누군가 당신의 조용한 순간을 강제로 방해하려 든다면… 그들에게 바쁘다고 말하라. 당신은 '매일을 당신의 날인 것처럼 살 자격'이 있다.

사는 곳이 어수선하면
머릿속도 어수선하다

그런데 당신이 '바쁜' 사람이 아니라면 어떨까? 걱정하지 마라. 내가 할 일을 주겠다. 고등학생 시절 나는 패스트푸드 체인점에서 일한 적이 있다. 그때 매니저가 자주 하던 말이, "멍 때릴 시간 있으면 청소할 시간도 있겠네"였다. 아직도 내 귓가에 들리는 듯한 그 잔소리를 여기서 써먹어야겠다.

물리적으로 자신의 공간이라고 느낄 수 있는 장소를 만드는 것은 '매일을 당신의 날인 것처럼 살기'의 한 부분이다. 잡동사니로 둘러싸인 곳에 사는가? 들여다보지 않는 서랍장이나 옷장이 있는가? 당신의 물리적 공간을 재생시켜라. 당신의 옷장이나 차고, 물건을 보관하는 어떤 곳이든 다 비우고, 물건들은 필요한 사람에게 주어라.

형이상학적으로 말하면, 나는 잡동사니를 모두 비우고 물리적으로 빈 공간을 만들면 심리적으로도 공간이 열린다고 강력하게 믿는 사람이다. 의도를 가지고 신중히 접근하라. 그러면 정리라는 집안일을 훨씬 더 뜻깊은 행동으로 바꿀 수 있다. 이런 행위가 당신에게 좋다는 과학적인 증거도 있다. 연구자들은 자신이 사는 공간을 지속적으로 깨끗하게 유지하는 사람들이 더 나은 정서적·신체적 건강 상태를 보인다는 사실을 발견했다.

그러니 당신에게 필요 없는 모든 것을 없애라. 필요 없는 것들을 필요한 사람에게 주어라. 당신의 공간을 재생시킴으로써 매일을 당신의 날인 것처럼 살 수 있다.

출구를 찾지 못했다 하더라도
당신은 창의적이다

내가 당신에게 "창의적이 되어라"라고 말하면, 당신은 아마 시를 쓰거나 그림을 그리는 등 예술가들이 할 법한 활동을 떠올릴 것이다. 그런 활동들이 창의적인 것은 사실이다. 하지만 그런 것만이 당신이 할 수 있는 창의적 표현 방식은 아니다. (물론 당신이 예술가로서 소명 의식이 있다면 거기에 관심을 가져라.)

창의력이란 자신이 사는 세상에 변화를 만들어 냄으로써 자기를 표현하는 인간의 타고난 능력이다. 당신은 인생에서 즉각적이고 실제적인 변화를 만들어 낼 수 있는 확실한 능력이 있다. 창의적이 되는 것은 옷이나 오늘 저녁 메뉴, 출근 경로를 바꾸는 것만큼이나 단순할 수 있다. 한 가지 변화가 또 다른 변화를 이끌며, 아주 작은 행동이 예상치 못했던 효과를 불러일으킨다는 사실을 알게 될 것이다.

당신의 창의력을 표출하라. 그렇게 함으로써 늘 똑같은 것이 반복되는 망망대해 같은 일상에서 차이를 만들 수 있게 될 것이다. 하지만 더 중요한 것은, 당신이 결코 사그라지지 않는 마음속

대담함이란 영역에 발을 들여놓았다는 것이다. 그것이 바로 '매일을 당신의 날인 것처럼 사는 삶'이 당신에게 주는 선물이다.

신중하라
인생엔 되돌리기 버튼이 없다

'매일을 당신의 날인 것처럼 살기'로 했다면 그 대가로 치러야 할 고통과 자신을 배반하는 데서 오는 고통을 구별할 수 있어야 한다. 이쯤에서 솔직해지자. 이따금 우리는 하기 싫은 일을 하거나 견뎌야 한다. 이를 피하려는 것은 #나쁜조언으로 가는 첫 번째 단계다. 이를 악물고 견디는 데서 오는 불쾌한 경험들은 때로 당신에게 도움이 될 것이다. 고통이 늘 나쁜 것만은 아니다. 앞으로 나아가기 위해 치러야 하는 대가이기 때문이다.

하지만 하고 싶지 않은 일과 싫어하는 일은 다르다. 그것을 어떻게 알 수 있나? 싫어하는 일을 할 때는 나 자신이 싫어진다. 이 모든 것의 핵심은 자신의 양심을 외면하지 않는 데 있다. 매일을 당신의 날인 것처럼 산다고 해서 자신이 하는 모든 일을 즐길 수는 없겠지만, 의식적으로 모든 일을 하도록 요구받을 것이다.

'의식적으로 모든 일을 해야 한다'는 건 무슨 뜻일까? 살면서 당신이 하는 모든 일의 중요도와 영향력을 인지할 필요가 있다는 뜻이다. 매일을 당신의 날인 것처럼 산다면, 당신은 신중해지고 어떻게 하루를 보낼지에 대한 목적의식이 생길 것이다.

당신이 사는 하루하루가 '당신의 것'이라는 점과 그것이 한정되어 있다는 사실을 인지하라. 당신의 날은 '인생'이라는 건물을 구성하는 벽돌과 같으며, 인생에는 자신이 담겠다고 결정한 의미만이 담긴다. 그러니 매일 중요한 일을 하라. 자신이 중요하다고 믿고 그렇게 느끼는 한, 그 일이 무엇인지는 상관없다. 의미 있고 목적의식을 갖게 해주는 무언가를 하라.

당신은 그 무언가를 직장에서 할 수도 있고, 출근길에 할 수도 있으며, 줄을 서서 기다리는 동안 할 수도 있다. 날마다 당신에게 모습을 드러내는 기회 ― 누군가와 교감하고 그들이 원하는 것을 얻도록 도울 기회에 주의를 기울이고 수용적인 태도를 취하라. 뒷사람을 위해 문을 잡아 주는 것처럼 사소한 일로도 충분할 수 있다.

매일 중요하고 의미 있는 무언가를 한다면, 매일을 당신의 날인 것처럼 살았던 보상을 받게 될 것이다. 인생의 끝에서 '이게 다 무슨 소용이 있나' 회의하는 대신, 의미로 가득한 풍요로운 삶을 살아왔다고 느낄 것이다. 당신의 시간은 한정되어 있다. 그러나 당신에겐 아직 시간이 남아 있다.

당신의 시간은 당신 것이다. 당신의 인생도 당신 것이다. 특별한 어느 하루가 아니라 매일매일 당신은 그 의미를 선택한다. 매일을 당신의 날인 것처럼 살 때 당신은 불멸의 삶에 가까워질 것이다.

영원히 살고 싶다면,
누군가에게 영감을 주어라

문화인류학자 어니스트 베커Ernest Becker는 퓰리처상을 받은 그의 저서 《죽음의 부정The Denial of Death》(1973)에서 인간은 죽음에 대한 두려움을 다루는 행동 양식을 발달시켰다고 말한다. 그는 인간이 '불멸 프로젝트immortality projects' 혹은 "이 땅에서 우리의 생이 다한 뒤에도 살아 있다고 느끼게 하는 어떤 것"을 계속 추구해 왔다고 말한다. 불멸 프로젝트가 어떤 사람에게는 종교나 영적인 형태를 취한다. 또 어떤 사람들은 자신보다 더 큰 존재와 연결되어 있다고 느낄 수 있게 해주는 일에 매진한다.

불멸 프로젝트가 긍정적으로만 기능하는 것은 아니다. 베커는 인종차별, 대량 학살, 전쟁을 불멸 프로젝트들 간에 생기는 충돌의 결과로 보았다. 만약 한 무리가 자신들의 신념이 '유일한 신념'이라고 믿는다면, 이를 거부하는 누군가는 그들의 불멸 프로젝트, 나아가 죽음에 대한 방어기제 전체에 대한 위협이 될 것이다. 이는 오늘날의 날선 정치 풍토를 이해하는 데도 도움이 된다.

'날 괴롭히는 건 너의 정치적 견해가 아니야. 그 견해가 내 존재를 부정하기 때문이지. 그러니 어그로 끄는 글을 올려서 내 실존적 공황을 보여 주겠다. 욜로!'

그렇다면 어떻게 자신을 위한 긍정적이고 효과적인 불멸 프로젝트를 만들 수 있을까?

당신은 중요한 존재다
자신이 생각하는 것보다 훨씬 더

넘쳐나는 셀카 사진들, 버스 뒷자리에 적힌 이니셜들, 이집트 기자에 있는 대피라미드The Great Pyramid of Giza. 이것들은 다 하나같이 '내가 여기 있었다'는 것, 그리고 '나는 중요하다'는 메시지를 담고 있다. 모두가 불멸 프로젝트의 일환인 것이다. 당신의 불멸 프로젝트가 효과적이려면, 그 메시지의 수신자가 전 세계가 아닌 '당신 자신'이어야 한다.

그렇다면 21세기를 사는 당신이 지속적이고 효과적인 불멸 프로젝트를 만들 수 있는 방법은 무엇일까? 우선 '내가 중요하다'는 반박할 수 없고 과학적으로 증명된 사실로부터 시작하자. 수십억 인구가 함께 사는 이 지구에서 '나'는 단 한 명뿐이다. 당신을 당신으로 만든 유전, 환경, 경험의 특정한 조합은 이전에 한 번도 이루어진 적이 없으며, 앞으로도 마찬가지일 것이다.

게다가 당신은 하마터면 존재하지 않을 뻔했다.《데이트의 도 *The Tao of Dating*》(2010)를 쓴 알리 비나지르Ali Binazir 박사는 자기계발서 저자 멜 로빈스Mel Robbins에 의해 유명해진 개념을 더 상세히 설명했다. 비나지르 박사는 삶의 다양한 변인들을 고려해 컴퓨터로 방대한 수를 계산한 뒤 당신이라는 사람이 '존재'할 가능성이 단 400조 분의 1밖에 되지 않는다는 결론을 내렸다.

당신만이 할 수 있는 말과 생각, 당신만의 방식으로 움직일 수 있는 사람들이 있다. 이들은 적은 수가 아니다. 어떤 계산법에 따르면, 당신은 대략 600명의 사람과 알고 지낼 것이라고 한다. 그런데 그 600명도 각각 600명의 사람과 알고 지낸다. 그러므로 당신이 잠재적으로 영향력이 미칠 수 있는 사람은 36만 명이라는 계산이 나온다.

또한 인포그래픽 작가 안나 비탈Anna Vital에 따르면, 살면서 그저 스치는 사람만 8만 명이라고 한다. 당신은 엄청나게 낮은 확률을 뚫고 이 세상에 왔을 뿐 아니라, 총 44만 명의 사람에게 영향을 미칠 수 있는 잠재력을 지니고 있는 것이다.

당신은 중요한 존재다. 무수히 많은 것들이 당신에게 기대어 존재하고 있기 때문이다. 당신은 대체 불가능하다. 그리고 당신은 정말 중요하기 때문에, 반드시 자신보다 더 큰 무언가와 연결되어야 한다. 그 이유는 온 세계가 당신이 최상의 수준으로 현존하고 기능하기를 바라기 때문이다. 또한 그 수많은 사람들에게 당신의 직접적인 영향력을 최대한 발휘하기를 바란다. 세상은 당신이 매일을 당신의 날인 것처럼 살기를 바라고 있다.

후회는 순간이다
당신은 계속 나아갈 것이다

독일 철학자 프리드리히 니체Friedrich Nietzsche는 "삶의 목표가 있는 자는 어떤 삶의 방식도 견딜 수 있다"라고 했다. 불멸 프로젝트가 후회의 감정에 미치는 영향은 비타민 C가 감기에 미치는 영향과 같다. 불멸 프로젝트로 인해 후회의 감정이 사라지진 않겠지만, 후회를 딛고 앞으로 나아가게 될 것이다.

이는 긍정적이고 효과적인 불멸 프로젝트가 마음의 특유한 작동기제, '심리적 면역 체계psychological immune system'에 연료를 공급하기 때문이다. 심리학자인 대니얼 길버트Daniel Gilbert와 제인 에버트Jane Ebert는 심리적 면역 체계를 자신이 어찌할 수 없는 상황을 정당화·합리화하거나 편안하게 받아들이는 법을 발견하는 타고난 정신 능력이라고 설명했다.

당신은 더 큰 맥락에서 자신을 바라볼 수 있을 것이다. 후회의 감정을 부인하지 않고도, 한순간의 행동이나 선택으로 정의하기에는 자신이 너무 큰 존재임을 인식하게 될 것이다. 당신의 심리적 면역 체계는 불멸 프로젝트를 통해 즉각 순간적으로 작동한다. 그것은 궁극적으로 '내가 하는 후회가 곧 나는 아니다'라는 사실을 상기시켜 줄 것이다.

후회는 벌이 아니라 교훈이다

과학적 데이터들에 따르면, 가장 후회하는 순간은 그 상황에서 내가 뭔가 할 수 있을 거라고 생각했을 때라고 한다. 그리고 그 후회의 감정은 했어야 하는 일이 뭔지 '알' 때 훨씬 더 커진다. 이것을 '기회의 법칙the Opportunity Principle'이라고 부른다. 기회의 법칙에 대한 다른 해석은 후회의 감정이 강할수록 동기부여의 가능성도 함께 높아진다는 것이다. 그래서 당신이 후회하는 것에 대해 아무것도 할 수 없을 때조차 후회는 유익할 수 있다.

'그때 그렇게 했더라면(하지 않았더라면) 지금 이렇게 더러운 기분이 들지 않을 텐데…' 하는 생각을 한 적이 있는가? 심리학자들은 이것을 '사후가정사고counterfactual thinking'라고 부르는데, 같은 실수를 다시 하지 않도록 해주는 정서적 강화 도구다. '매일을 마지막 날인 것처럼 살아라'라는 #나쁜조언은 후회를 인생을 낭비한 벌로 믿도록 속여 후회에서 교훈을 얻지 못하게 한다. 그러니까 이 #나쁜조언은 인생 전체를 온전히 경험하지 못하게 막음으로써 매일을 당신의 날인 것처럼 살 수 있도록 도움을 주는 정보까지 당신에게서 차단해 버리는 것이다.

'매일을 마지막 날인 것처럼 살아라'라는 조언은 후회만 부정하는 것이 아니다. 당신이 감사해야 하는 것들까지 부정한다.

감사: 당신 인생에 이미 존재하는
좋은 점을 찾아내는 것

'매일을 마지막 날인 것처럼 살아라'라는 #나쁜조언은 살면서 후회를 피하고 최대한 많은 것을 얻게 해주겠다는 약속을 결코 지킬 수 없다. 최소한의 후회와 최대한의 성취는 인생의 진정한 의미를 발견했을 때만 찾아오는 것이며, 의미를 발견하는 데는 지름길이 없기 때문이다. 당신이 가야 할 길은 더 느리게 더 깊이 사색하며 걷는 감사의 길이다.

감사의 반대말은 '주어진 것을 당연하게 여기는 것'이다. 단순하지만 깊은 인식의 변화가 담겨 있는 말이다. 감사를 실천하는 것을 거지 같은 상황에서 '밝은 면을 보는 것'으로 착각하면 안 된다. 거지 같은 상황은 그냥 거지 같은 상황일 뿐이다. 감사를 실천하는 것은 당신이 가진 문제를 있는 그대로 바라보되, 초점을 넓히는 일이다. 당신은 인생에서 거지 같지 않은 요소를 취할 수 있다. 감사는 인생이 단 하나의 진리가 아닌 복합적인 진리로 이루어져 있음을 상기시켜 준다. 당신의 하루는 별로였어도 인생은 환상적일 수 있다.

당신은 매일 감사를 실천함으로써 일상 속에 숨어 있는 값진 보물을 발견할 수 있다. 그것들 없이는 살 수 없는데도, 반복되는 일상은 그걸 별것 아닌 것으로 여기게 만든다. 가지고 있지 않은 것에 집착하는 대신 당신이 가진 구체적인 좋은 것에 주목하라. 자신의 삶, 나아가 '모두'의 삶이 매일 백만 분의 일의 확률로 일어나는 기적의 결과라는 사실을 상기하라. 숨 쉴 수 있음에, 심장이 뛰고 있음에 감사하라. 머릿속에 있는 모든 생각에 감사하라. 당신의 날은 당신 것이며 그 의미는 당신이 만드는 것이라는 부정할 수 없는 사실에 감사하라. '매일을 당신의 날인 것처럼 사는 삶'에 감사하라. 매일을 당신의 날인 것처럼 살아라. 그것이 사실이니까.

감사함을 느끼고 실천함으로써 당신은 자신이 우주의 조건 없는 지지를 받는 존재라는 사실을 자각하게 된다. 모든 면에서 정말 대단한 천체물리학자인 닐 디그래스 타이슨Neil deGrasse Tyson 은 자신이 진행한 다큐멘터리 프로그램 〈코스모스Cosmos〉에서 "우리는 다른 사람들과 생물학적으로 서로 연결되어 있고, 지구와는 화학적으로 연결되어 있으며, 우주와는 원자적으로 연결되어 있습니다. … 우리는 우주 안에 있으며 우주는 우리 안에 있습니다"라고 말했다. 그러니까 자신의 불멸 프로젝트에 회의적이라 할지라도, '원자 수준에서' 이미 원조 불멸 프로젝트인 우주와 연결되어 있음을 알아야 한다. 당신은 별들의 중심을 이루는 물질로 이루어져 있다. 당신은 자신이 생각하는 것보다 훨씬 더 강하다.

감사해야 할 게 정말 많다는 사실을 까맣게 모를 수 있으며, 그 자체가 감사해야 할 일이다

감사는 '타협'하는 것도, 현실에 안주하는 것도 아니다. 감사는 행위이자 동시에 감정이다. 감사는 부정적 인식을 긍정적으로 바꾸는 것을 넘어, 일종의 자기 역량강화self-empowerment 행위라고 할 수 있다. 당신은 의도적으로 삶에서 좋은 것을 찾아서 감사를 표하는 행동을 취할 수 있다.

감사할 때, 당신은 우주가 당신을 위해 돌아가고 있다는 것을 깨닫게 될 것이다. (그리고 내가 말하는 우주란 휴양지의 요가 수련원 같은 데서 20대 백인 젊은이들을 향해 '선언'하는 자아도취적 '우주'가 아니라, 진짜 우주다. 산소, 중력, 와이파이 등 평소에는 의식하지 못하지만 없어지면 바로 알아차리게 되는 것들을 당신에게 제공하는 그 우주.) 나를 지지해 주고 강하게 해주는 곳이 어디인지 깨닫는 것은 힘의 원천이 된다. 얼마나 대단한 것이 당신 앞에 닥치든 앞으로 나아갈 준비가 될 것이며, 무엇이 당신을 기다리든 다가가서 그것을 차지할 준비가 될 것이다.

이렇게 하는 것이 늘 쉽지는 않겠지만, 그래도 괜찮다. '지금 이 순간' 당신이 있어야 할 곳에 있고 당신이 필요한 모든 것을 가지고 있다는 사실을 기억하는 한, 어떤 일이 쉽지 않다고 해서 그것이 장애 요인이 되지는 않을 것이기 때문이다. 감사를 실천하는 것은 당신 삶에 있는 좋은 점들을 강조할 뿐 아니라, 셀 수 없이 많은 좋은 것들을 만들어 낸다.

감사로 채울수록 여유가 생긴다

감사에 대해 말하는 것이 솜사탕처럼 달콤하고 폭신한 단어들로 현실을 포장하는 뻔한 소리로 들릴지도 모른다는 거 안다. 그렇다면 사탕처럼 달콤한 말에 균형을 맞추기 위해 약이 되는 쓴소리를 하겠다. 짜잔~! 마지막 과학 찬스다.

로버트 에몬스Robert Emmons 박사는 감사에 관하여 중점적으로 연구해 온 심리학자이다. 에몬스 박사가 마이크 매컬러Mike McCullough 박사와 함께 수행한 연구에 따르면, 감사를 자주 실천하는 사람은 불평을 늘어놓는 사람에 비해 행복도가 25퍼센트 더 높다고 한다.

또한 감사를 실천하는 그룹은 신체적으로 더 건강할 뿐 아니라 운동도 더 열심히 했다고 한다. 이러한 결과는 2013년에 수행한 연구에서도 반복되어, 규칙적으로 감사를 실천하는 사람들의 건강 상태가 전반적으로 더 좋은 것으로 나타났다. 왜 그럴까? 고마움이 느껴지는 대상은 더 세심하게 돌보기 때문이다. 그래서 자신이 가진 것에 감사하는 마음이 생기면, 규칙적으로 운동도 하고, 정기 검진도 받는 등 자신을 잘 돌보게 되는 것이다.

감사를 실천하는 것은 뇌에도 영향을 준다. 2015년 프라틱 키니Prathik Kini와 동료들은 불안과 우울로 고통받는 사람들을 실험 참가자로 모집했다. 참가자들은 3주 동안 규칙적으로 감사를 실천하도록(감사 편지 쓰기) 요청받았다. 2주가 지나자, 참가자들은 감사의 마음이 더 강해졌다고 보고했으며, 정신 건강도 향상되었다.

이러한 사실에도 여전히 감흥이 없다면, 참가자들의 3주 감사 실천의 긍정적 효과가 실험 종료 후 세 달 동안이나 지속되었다는 점은 어떤가. 정말 괜찮은 투자다. 감사는 당신이 지닌 잠재

적이고 무한한 장점에 동력을 제공하는 대단한 발전기로, 그저 슬쩍 눌러 주기만 해도 작동한다. 사실 가끔은 '시도하는 걸 떠올리기만 해도' 된다.

소냐 류보미르스키Sonja Lyubomirsky 박사는 사람들이 느끼는 인생의 행복, 즐거움과 감사의 관계를 살펴보는 대규모 연구를 수행했다. 그녀의 연구에 따르면 '행복'하다고 느끼며 즐겁고 충만하게 사는 사람들은 성취와 즐거움을 의도적으로 만들고 있었다고 한다. 그들은 감사해야 할 것이 무엇인지 매일 돌아보는 데 전념함으로써 그런 삶을 성취했다. 그들이 느끼는 감사는 물질적 부와 같은 눈에 보이는 대상에만 국한되지 않았다. 그리고 감사의 마음은 실제로 감사한 대상이 생겨서이기도 했지만, 감사의 대상을 찾고 '기억하는 것'에서 비롯되는 것으로 나타났다.

감사를 통해 당신은 매일매일 경이로운 일상에 대한 경외심을 다시 발견하게 된다. 감사는 매일을 당신의 날인 것처럼 사는 법을 뚜렷하게 보여 준다. 그리고 당신은 편안한 장소에서 감사를 시작할 수 있다. 침대에 누운 상태에서 시작하자.

아침에 눈 뜨는 것은
그날 가장 먼저 '감사'해야 할 일이다

아침에 잠에서 깼지만 아직 눈 뜨지는 못한 순간이 있다. 의식은 깨어 있지만 하루가 시작되지는 않은 때 말이다. 나는 대부분 아무 생각 없이 그 순간을 넘겼었다. 일어나서 눈을 뜨자마자 했던 일은 세 가지다. 가운 걸치기, 안경 쓰기, 뭐든 일어나자마자 담배 피우는 대신 할 수 있는 것 해보기.

한 가지 말하자면, 내가 담배를 끊을 수 있었던 비결은 바로 매일 감사를 실천하는 데 있었다. 매일 아침 나는 내가 건강하다는 것에 감사하는 마음을 가져야 한다고 생각했다. 그때 이런 생각이 들었다. '내가 건강하다는 걸 정말 감사히 여긴다면, 왜 아직도 멍청하게 담배를 피우고 있는 거지?' 그 순간 건강에 대한 감사가 담배를 피우고 싶은 욕망의 무게를 이겼다. 담배 끊기가 쉽지는 않았다. 내가 그전에 담배 끊는 데 얼마나 많이 실패했는지 신은 아실 거다. 그때와 차이가 있다면 감사였다.

감사함을 느끼고 실천하는 것은 필요할 때 나에게 버팀목이 되고 힘을 주었다. 그것은 내 삶을 구원했다. 나는 여전히 눈을 감고 감사해야 할 다섯 가지를 생각한다. 그리고 우리가 만난 적은 없지만, 당신도 똑같이 할 수 있다고 확신한다.

당연하게 여기는 것 중에
다른 사람이 사치라고 부르는 걸 얼마나 가지고 있는가?

지금 당장 자신이 가진 것 중에 다른 사람은 갖기 어렵다고 여기

는 능력이나 물건이 있다면 그 목록을 적어 보자. 내가 시작을 도
와주겠다.

　당신은 읽을 수 있다. 그 덕분에 다른 사람에게 의존하지 않고
도 자신에게 필요한 정보를 찾을 수 있다. 읽을 수 있는 능력이 별
거 아닌 것 같아 보여도, 대단한 일이다. 2013년의 연구에 따르
면, 3,200만 명의 미국인이 문맹이라고 한다. 그들은 정보에서 일
정 부분 차단되고 소외된 채 당신과 나는 상상조차 할 수 없는 삶
을 살고 있다. 자, 그게 한 가지 감사해야 할 것이다. 다음으로 당
신이 사랑하고 신뢰하는 사람들의 이름을 목록에 추가하라. 벌써
감사해야 할 게 세 가지다.

　그리고 당신은 책을 읽을 시간이 있다는 것, 살 곳이 있다는
것에 감사할 수 있으며, 잠에서 깨어나 아침을 먹고, 숨을 쉬고,
심장이 뛰며, 감사해야 한다는 것을 '기억한다'는 것에도 감사할
수 있다. 자, 봐라. 방금 내가 당신에게 이틀 동안 감사할 수 있는
열 가지를 먼저 제공했다. 이제 당신 차례다. 감사한 일 다섯 가지
를 더 찾아보라.

　감사한 일을 발견했다면, 적극적으로 그것을 더 분명하고 확
실한 것으로 만들어야 한다. 당신이 어떤 관계에 감사하다면 그
관계를 지속하기 위해 당신이 할 수 있는 부분이 무엇인지 생각
하라. 당신이 하는 일, 가진 집, 건강 등에 감사하다면 그것들을
유지할 책임이 있음을 기억하라. 감사의 대상이 좋은 날씨처럼 간
단한 것이라 해도, 그런 아름다움을 느낄 수 있게 해주는 마음의

여유와 깨어 있음에 대해 인지해야 한다.

이렇게 하다 보면, 삶의 좋은 것들을 가시화할 수 있는 직접적 영향력이 자신에게 있음을 이해하게 될 것이다. 아침에 눈을 뜨기 전부터 의도적으로 감사하기를 실천에 옮긴다면, 당신은 긍정적인 태도로 삶의 주도권을 가지고 하루를 시작할 수 있게 될 것이다. 그것은 현실에 단단히 기반을 둔 힘이고, 믿고 의지할 만한 것이다. 당신은 매일매일 자신이 가진 최고의 모습으로 새로 태어나게 될 것이다. 그뿐 아니라 매일을 당신의 날인 것처럼 살게 될 것이다.

당신의 삶은 한 번으로 끝나지 않는다
당신의 행동은 영원한 울림을 준다

당신은 감사를 돈 주고도 살 수 있다. 우표 한 장 값이면 된다. 마지막으로 편지를 받아 본 것이 언제인가? 아끼는 사람이 손글씨로 써서 보내준 진짜 편지 말이다. 1990년대를 추억하는 세대가 아니라면, 그런 경험이 없을지도 모른다. 하지만 편지를 받아 본 적이 있다면, 편지 한 통으로 얼마나 기분이 좋아지는지 알 것이다. 편지는 자신을 생각하는 누군가의 마음이 물리적으로 구현된 것이다. 시간을 들여 편지를 써 보낼 만큼 그 사람에게 당신이 가치 있다는 뜻이니까. 편지는 누군가에게 당신이 중요한 존재라는,

손으로 만져지는 증명서다.

진심을 담은 감사의 손편지를 받는 것은 그보다 더 깊은 의미가 있다. 당신뿐 아니라 당신이 그 사람에게 해준 것까지도 중요하다는 의미를 담고 있기 때문이다. 그러니 나는 이렇게 하라고 제안하고 싶다. 일주일에 한 통씩, 누군가에게 꾹꾹 눌러 쓴 감사 편지를 보내라. 지난주에 당신이 필요할 때 곁에 있어 준 친구도 좋고, 당신을 위해 많은 걸 해주신 중학교 1학년 때 선생님도 좋다.

감사 편지를 보내는 것은 그것을 받는 사람한테도 감사를 경험할 기회를 준다. 2015년 발표한 연구에서, 리사 윌리엄스Lisa Williams와 모니카 바틀릿Monica Bartlett은 새로 알게 된 지인에게서 감사 편지를 받으면 그에게 더 많은 관심을 보이며 관계를 더욱 진전시키고 싶어 한다는 사실을 발견했다. 그렇게 되면 '당신'은 다른 사람의 기분을 좋아지게 하고, 그로 하여금 감사가 줄 수 있는 모든 유익을 경험하게 해줄 수 있다.

당신은 더 좋은 세상을 만드는 데 기여했으며, 당신보다 더 큰 무언가와 연결되었다. 불멸 프로젝트를 완성하는 또 하나의 수단을 얻은 것이다. 당신이 다른 사람에게 영감을 불어넣으면, 그들도 영감을 받아 행동한다. 그들의 행동은 '또 다른' 사람들에게 영향을 미치고, 이런 식으로 선순환이 계속됨으로써 당신의 영향력은 이 지구 전체로 영원히 뻗어 나간다. 이렇듯 매일을 당신의 날인 것처럼 살 때, 당신의 삶은 영원해진다.

잘 사는 인생은 하루하루 펼쳐진다. 후회는 나쁜 게 아니다. 감정의 스펙트럼 안에 있는 다른 감정들과 마찬가지로 존재 이유가 있으며, 한 가지 색 이상으로 드러난다. '매일을 마지막 날인 것처럼 살아라'라는 #나쁜조언은 후회를 막아 주는 방패인 척하지만, 정말 그것이 막고 있는 건 인생의 의미를 발견하고 성취할 수 있는 당신의 잠재력이다. 하나의 감정으로서, 후회는 필연적이고 의미 있는 것이다. 후회는 당신이 실수로부터 배우게 된다는 자연의 보험 증서다.

매일을 당신의 날인 것처럼 사는 것이 당신을 후회로부터 구해 주지는 못하겠지만, 그래도 괜찮다. 어떤 것도 그렇게 해줄 수 없으니까. 하지만 이 #좋은조언을 통해 당신은 유대감, 충만감, 의미를 발견하는 데 있어서 무한에 가까운 기회를 만들어 낼 수 있다. 하루하루는 당신의 불멸 프로젝트에 소중한 단계로 켜켜이 쌓여 갈 것이다. '매일을 당신의 날인 것처럼 사는 삶'이 쌓이면 '인생이 당신의 것인 것처럼 사는 삶'이 된다. 그렇게 살아라. 이 지구에서 보내는 시간을 '당신'이라는 특별하고 훌륭하며 무한한 잠재력을 가진 존재를 위한 평생의 경험으로 만들어라.

 매일을 당신의 날인 것처럼 살아라
#좋은조언

(자, 내 역할은 여기까지다. 이 책을 읽어 줘서 고맙다.)

나오며

그래서 이제 어떻게 하라는 거지?

자, 좋다! 당신은 이 책을 다 읽었다. 포옹하고 하이파이브! 그러면 내가 이 책을 다 썼을 때 들었던 것과 똑같은 궁금증이 생길 것이다. 그래서 이제 어떻게 하라는 거지?

이제 어떻게 하느냐고? 일상으로 돌아가 제대로 살아라. 미루지 말고. 세상은 당신을 기다리고 있다. 우리에게 주어진 세상은 당신이 처음 이 책을 집어 들었을 때와 마찬가지로 엉망진창에 불완전한 곳이다. 하지만 당신은 아니다. 당신 자신은 전혀 변하지 않았다고 생각할지 모르지만, 당신은 변했다.

내가 그걸 어떻게 아느냐고? 첫 페이지부터 지금까지 이 책을 읽는 동안 특별하고 예상치 못한 일이 벌어지지 않았다면, 우리는 여전히 만나지 못한 상태일 것이다. 그래서 여전히 나는 당신 이름도, 생김새도, 트위터 아이디도 모른다. 그런 내가 당신이 변했다는 걸 어떻게 그리 자신할까? 그래도 '한 가지'는 알기 때문이다. 방금 '나쁜 조언'이라는 제목이 붙은 이 책을 다 읽었다는 것. 그 사실은 당신이 자신의 감정과 욕구가 왜 생기고 어떻게 작동하는지, 자신의 진짜 모습이 무엇인지에 대해 알고 이해하게 되었음을 말해 준다. 자신에 대한 지각과 의식이 달라졌으니, 당신도 달라진 것이다. 이 책을 읽기 시작했을 때부터 당신은 달라지기 시작했다.

이젠 어떤 감정이 느껴진다고 해서 당신이 결코 '틀렸다'거나 '망했다'는 뜻이 아니라는 사실을 알고 있으므로, 당신은 전과 다르다. 감정이 생존을 위한 메시지를 전달하는 메신저일 뿐 약점이 아니란 사실을 알기 때문에, 당신은 전과 다르다. 이제 당신은 아무도 느끼길 원치 않는 상처, 배반, 상심, 실망 같은 감정일지라도, 때로는 그러한 감정을 느낄 필요가 있다는 것을 이해하게 되었을 것이다.

고통은 그것이 정신적인 것이든 신체적인 것이든, 현재 상황이 바뀔 필요가 있다는 신호이다. 그것은 위험한 상황에서 손을 떼라거나 열 받게 하는 상황을 벗어나라는 (혹은 바꾸라는) 의미일 수 있다. 지금 당신이 달라진 것은 두려움을 이해로 바꾸었기 때문이다. 이제 당신은 감정 스펙트럼이 보이는 다양한 색상의 조합과 변화가 자신의 생존과 번영을 위해 존재한다는 사실을 안다.

자신이 느끼는 '모든 것'이 자신과 타인, 함께 살아가는 세상의 연결 고리라는 사실을 알기 때문에, 당신은 전과 다르다. 당신이 어떻게 느끼는지는 눈에 보이는 신체 작용과 눈에 보이지 않는 마음의 작용 모두를 통해 결정된다. 당신은 이제 자신이 느끼는 감정의 실체가 초월적 경험을 위해서라는 사실을 알 것이다.

오직 #나쁜조언만이 초월적 경험을 피해야 한다고 말할 것이다. 그리고 잘못된 사회만이 뭔가 '느꼈다'는 것만 가지고 당신이 잘못됐다고 말할 것이다. 아무리 고통스러워도 자신의 감정이 도망쳐야 할 괴물이나 수치심과 침묵 속에 숨겨야 할 더러운 비밀이 아니라는 것을 알기에, 당신은 전과 다르다. 이 책이 당신을 하나도 변화시키지 못했다 하더라도, 이것만은 알았으면 좋겠다. 당신은 아무 문제가 없다.

나는 종교적인 사람이 아니다. 불가지론자라고 부를 수 있을 것이다. 그래도 나는 내가 알거나 믿는 것 너머에 바로 감지하거나 지각할 수 있는 것 이상의 무언가가 존재한다고 느낀다. 신이라 불러도 좋고, 도道, 힘, 사랑, 물리 법칙… 무엇이 됐든 당신이 부르고 싶은 대로 불러라. 당신이 신의 자녀(더 좋은 표현이 없어서 이렇게밖에 표현할 수 없는데)라는 사실은 단단하고 확실한 느낌을 준다. 오랜 진화의 세월과 우연한 사건들이 '당신'을 만들기 위해 공모했으며, 그렇게 해서 완벽한 당신이 탄생했다.

지금 이 순간 당신은 완벽하다. 1년 전에도 완벽했고, 1년 뒤에도 여전히 완벽할 것이다. 계속 완벽할 수 있는 것은, 오늘의 완벽함이 내일의 완벽함과 일치할 필요가 없기 때문이다. 때로 과거의 완벽함에서 현재의 완벽함으로의 변화는 땀과 눈물 없이는 힘들 수 있다. (낙관적이 되자는 의미로 피는 생략했다.) 이는 당신이 이 책을 읽기 전이나 읽고 나서 한참이 흐른 후나 변함없는 사실이다. 앞서 말한 것처럼 세상은 변함이 없다. 변한 것은 '당신'이다. 당신은 그저 살아가는 것이 아니라, 삶의 방식을 계속해서 바꾸며 살고 있다.

당신은 #나쁜조언 사이에서 길을 잃는 대신 #좋은조언으로 무장했다. 고통이나 갈등, 문젯거리를 애써 찾지도 않지만, 그런 것들로부터 도망치지도 않는다. 당신은 비겁함 대신 용감함을 선택했다. 용감함은 진정한 자신감, 자기 신뢰, 자기 자각, 자기 지식에서 나온다. 당신은 어떤 감정이 아무리 강할지라도 자신을 압도할 수 없을 거라는 사실을 알고 있다. 앞으로 '다가올' 감정을 두려워하지 않으며 어떤 감정이든 겪어 낼 수 있다고 스스로를 믿는다.

당신에게 주는 작별의 #좋은조언은 '살기 위해 자신을 믿어라'이다. 당신이 누구인지, 무엇을 필요로 하는지, 어떻게 느끼는지를 소중하게 여기며 살기 위해 자신을 믿어라. 언젠가 예기치 않게 당신이 누군가에게 영감을 주는 사람이 될 수도 있을 것이다. 살기 위해 자신을 믿어라.

용기 있고 신중하게 살기 위해 자신을 믿어라. 당신이 원한다면 그렇게 할 수 있다. 감정이 생존을 위한 메신저일 뿐 아니라 일시적이라는 사실 또한 당신은 알게 될 것이다. 감정은 하늘에 떠가는 구름처럼 마음속을 지나간다. 그러나 그 중심에는 '당신'이라는, 끊임없이 빛나는 별이 자리 잡고 있다. 하늘에 떠 있는 여느 별처럼, 당신은 언제나 완벽하다. 당신은 항상 변하고 있다. 그리고 언제까지나 자신만의 빛을 내며 빛날 것이다.

언제까지나.

감사의 글

《나쁜 조언》의 집필에 도움을 주신 분들께, 한없는 감사의 마음과 함께 근처 가까운 주류 할인 판매점에서 사용할 수 있는 상품권이라도 드리고자 한다. 그럼, '여러분, 감사합니다'를 시작하겠다.

담당 편집자 리비 에델슨Libby Edelson에게: 나 자신과 내 책에 대한 믿음이 흔들릴 때조차 나를 믿어 준 것에 대해 고마워요. 당신의 통찰력, 비판, 그리고 시각은 저술 과정에서 이루 말할 수 없이 소중했습니다. 이 책에 대한 당신의 진정성 있고 흔들리지 않는 열정은 잊을 수 없을 거예요. 당신은 모르겠지만, 나 자신에 대해 회의감이 들 때마다 당신이 에이전시에 보낸《나쁜 조언》에 대한 첫 이메일을 다시 읽었어요. 사실 그걸 프린트해서, 이제는 나와 논쟁하는 사람들에게 '누군가'가 나와 내 작업을 좋아한다는 구체적인 증거로 보여 준답니다. (대부분은 나 자신에게 보여 주지요.)

　내 담당 에이전트인 니콜 터텔롯Nicole Tourtelot에게: 책 쓰기라는 내 인생 목표를 가능하게 해주고 인세를 받을 수 있게 해주어 고마워요. 당신은 단지 저작권 에이전트일 뿐만 아니라 변화, 목표, 실천의 동인이 되어 주었습니다. 집으로 찾아와 《나쁜 조언》의 제안서를 쓰도록 내 열정에 불을 붙이고, 그 불이 계속해서 다음 책으로 이어지게 해준 점, 고마워요. (다음 책도 가능한 거 맞죠?)

　공동 작가 폴 펠드먼Paul Feldman에게: 지난 10년 동안 당신은 내가 자랑스럽게 여기는 글솜씨를 다듬을 수 있게 도와줬지. 다차원적인 생각, 단어, 표현, 감정을 단일한 어휘로 결정할 수 있도록 말이야. 그뿐만 아니라, 당신은 내 친구이기도 해. 오타에 대해 서로를 믿을 정도로 정말 가까운 친구 중 한 명이지. ('경험experience'의 철자를 좀 배우는 게 어때, 바보 같으니.)

　부모님과 형제들에게: 내가 재미있는 사람이 될 만큼만 상처 주고 발전할 수 있도록 응원해 줘서 고마워요. 가족이 최고야.

　남편 매슈Matthew에게: 내가 감사하는 사람 중에서 당신에게 제일 하고 싶은 말이 많은데, 적당한 표현을 못 찾겠어…. 내가 당신한테 느끼는 감정을 표현하기엔 말이 부족하니까. 말은 유한하고 제한적이야. 당신을 향한 내 사랑은 측정할 수 없을 정도로 무한하고 끝이 없어. 그래도 표현해 볼게.

　인간이 발명한 것 중 가장 완벽에 가까운 게 사랑이야. 나는 당신을 통해서만이 완벽에 가까워질 수 있어. 당신이 가진 한계를 모르는 관대함, 끝이 없는 참을성, 조용한 힘에 고마움을 느껴. 내게 사랑하고 사랑받는 법을 가르쳐 줘서 고마워. 내 황당하고 정신 나간 생각들을 지지해 줘서 고마워.

그 때문에 대개는 당신이 뭔가를 포기하거나 양보해야 했지. 우리 아이들에게 용기와 힘, 공감을 가르쳐 줘서 고마워. 매 순간 나를 소중하게 여겨 줘서 고마워. 내 주머니에서 발견된 사랑의 편지, 멀리 비행기에서 걸려온 전화, 당신의 사랑스러운 눈빛과 입맞춤들이 21년이 지났어도 여전히 내가 당신을 설레게 한다는 사실을 보여 주는 증거야. (당신도 여전히 날 설레게 해.) 당신은 날 바꾸려고 시도한 적이 한 번도 없었지만 결국 그렇게 됐어. 당신의 사랑이 날 완전히 변화시켰고, 당신이 없다면 내 인생은 의미를 잃고 공허해질 거야. 내가 나의 장점을 하나도 떠올릴 수 없을 때, 당신이라는 놀라울 정도로 눈부신 별이 나를 조건 없이 사랑해 준다는 사실에 위안을 얻어. 사랑해, 사랑해, 사랑해.

나의 두 아들 레저Ledger, 레이스Laith와 막내 안젤리카Anjelica, 그리고 세상의 모든 아이에게: 너희 안에는 별의 심장으로 만들어진 무언가가 있단다. 언제나 타오르는 너희들의 그 빛이, 절대로 누군가의 #나쁜조언 때문에 흐려지게 두지 말렴.

참고문헌

1. 그냥 당신 자신을 보여라

20 800만 명의 사람들이 섭식장애로 고통받고 있는 "Eating Disorder Statistics," ANAD, National Association of Anorexia Nervosa and Associated Disorders, www.anad.org/education-and-awareness/about-eating-disorders/eating-disorders-statistics/, accessed June 29, 2018.

20 나이 어린 성소수자들이 엄청난 자살 위험에 놓여 있는 Katherine Schreiber, "Why Are Suicide Rates Higher Among LGBTQ Youth?," *Psychology Today*, October 12, 2017, https://www.psychologytoday.com/us/blog/the-truth-about-exercise-addiction/201710/why-are-suicide-rates-higher-among-lgbtq-youth.

23 "본인이 하는 일의 의미를 잘 모르는 데다" Erich C. Dierdorff and Robert S. Rubin, "Research: We're Not Very Self-Aware, Especially at Work," *Harvard Business Review*, March 12, 2015, https://www.hbr.org/2015/03/research-were-not-very-self-aware-especially-at-work.

24 'fuck'이 '왕의 허락하에… 사실이 아니라고는 하나 "Etymology of the 'F-Word,'" Snopes.com, updated February 21, 2016, https://www.snopes.com/fact-check/what-the-fuck/.

35 정서적으로 자신감과 자아수용감이 향상되었다 "UCI Study Links Selfies, Happiness," UCI News, September 13, 2016, news.uci.edu/2016/09/13/uci-study-links-selfies-happiness/.

36 미소 짓는 행위가 심장 박동을 느리게 하고 스트레스 수치를 낮춰 준다 Karen Kleiman, "Try Some Smile Therapy," *Psychology Today*, August 1, 2012, https://www.psychologytoday.com/us/blog/isnt-what-i-expected/201208/try-some-smile-therapy.

36 음악이 우리를 강하고 자신감 있게 느끼도록 만든다 "Pump Up the Music — Especially the Bass — To Make You Feel Powerful," EurekAlert!, AAAS, August 5, 2014, https://www.eurekalert.org/pub_releases/2014-08/sp-put080514.php.

39 행운이 따를 것 같은 느낌이 실제로 행운을 불러온다 Alexandra Ossola, "The Science of Luck," *Popular Science*, March 17, 2015, https://www.popsci.com/luck-real; "Keep Your Fingers Crossed: How Superstition Improves Performance," ScienceDaily, Science News, July 14, 2010, https://www.sciencedaily.com/releases/2010/07/100713122846.htm.

40 자기가 좋아하는 향수를 뿌리는 것만으로 자신감이 향상 "The Hidden Force of Fragrance," *Psychology Today*, November 1, 2007, last reviewed June 9, 2016, https://www.psychologytoday.com/us/articles/200711/the-hidden-force-fragrance.

40 붉은색 옷을 입을 때 더 자신감 있게 느낀다 Anne Berthold, Gerhard Reese, and Judith

274

Martin, "The Effect of Red Color on Perceived Self-Attractiveness," *European Journal of Social Psychology* 47, no. 5 (2017): 645–652. doi:10.1002/ejsp.2238.

40 붉은색 옷을 입은 사람을 더 자신감 있는 사람으로 '지각'한다 Matthew Hutson and Tori Rodriguez, "Dress for Success: How Clothes Influence Our Performance," *Scientific American*, January 1, 2016, https://www.scientificamerican.com/article/dress-for-success-how-clothes-influence-our-performance/.

2. 나를 먼저 사랑해야 남도 사랑할 수 있다

49 자기 입술에 입 맞추려고 "Alan Watts ~ Love ~ A Dangerous Game We Must Play." VIKTRE. February 26, 2017. https://www.viktre.com/tai_emery/alan-watts-love-a-dangerous-game-we-must-play. Recording of a lecture given during Watts's lifetime.

51 사랑에 빠지면 당신의 뇌가 변한다 "What Happens to Our Brain When We're in Love?," NPR, TED Radio Hour, April 25, 2014, https://www.npr.org/2014/04/25/301824760/what-happens-to-our-brain-when-we-re-in-love.

52 교감하는 상대에게서 나오는 신체적 신호에 무의식적으로 반응한다 "Talk Time Featuring Dr. Stephen Porges — The Polyvagal Theory, Vocal Prosody, Neuro-Exercises and the Face-Heart Connection," Dr. Rebecca Jorgensen, January 15, 2015, https://www.rebeccajorgensen.com/talk-time-stephen-porges/.

54 우리 사회에서 자신을 아름답다고 생각하는 여성은 4퍼센트도 되지 않는다 Amy Froneman, "Only 4% of Women Consider Themselves Beautiful," Health24, updated September 6, 2013, https://www.health24.com/Lifestyle/Woman/Your-body/Only-4-of-women-consider-themselves-beautiful-20130905.

55 암에 걸리는 것보다 살찌는 것을 더 두려워한다 "Women's Health Survey 2016: Unique Insights into Women's Health," Jean Hailes for Women's Health, August 28, 2016, https://jeanhailes.org.au/news/womens-health-survey-2016-unique-insights-into-womens-health.

55 첫 다이어트를 하는 나이는 8세 Kelsey Miller, "Study: Most Girls Start Dieting by Age 8," Refinery29, January 26, 2015, https://www.refinery29.com/2015/01/81288/children-dieting-body-image?bucketed=true&bucketing_referrer=https%3A%2F%2Fwww.google.com%2F.

55 뚱뚱한 것을 부끄러워하게 되었다 Erica Goode, "Study Finds TV Alters Fiji Girls' View of Body," *New York Times*, May 20, 1999, https://www.nytimes.com/1999/05/20/world/study-finds-tv-alters-fiji-girls-view-of-body.html.

65 믿지도 않으면서 자기 확신을 가지려고 노력한다면 오히려 악영향을 초래할 것 Scott O. Lilienfeld and Hal Arkowitz. "Can Positive Thinking Be Negative?," *Scientific American*, May

1, 2011, https://www.scientificamerican.com/article/can-positive-thinking-be-negative/;
Joanne V. Wood, W. Q. Elaine Perunovic, and John W. Lee, "Positive Self-Statements,"
Psychological Science 20, no. 7 (2009): 860 – 866. doi:10.1111/j.1467-9280.2009.02370.x.

70 여기 통계자료를 이용해 Coco Ballantyne, "Does Exercise Really Make You Healthier?,"
Scientific American, January 2, 2009, https://www.scientificamerican.com/article/does-exercise-really-make/.

70 오르가슴이 주는 심리적이고 신체적인 이득은 과학적으로 확실히 증명 Martin Reed,
"Could Masturbation Cure Your Insomnia?," HealthCentral, May 5, 2016, https://www.
healthcentral.com/article/could-masturbation-cure-your-insomnia; Renee Jacques, "11
Reasons You Should Be Having More Orgasms," HuffPost, Wellness, updated December 6,
2017, https://www.huffingtonpost.com/2013/11/05/orgasm-health-benefits_n_4143213.
html.

3. 기대하면 실망하게 된다

92 그들이 마시는 것이 실제보다 훨씬 고급 와인이라는 기대 "Wine Tasting: Expectations
Influence Sense of Taste, Tests Show," ScienceDaily, Science News, September 14, 2009,
https://www.sciencedaily.com/releases/2009/09/090912124050.htm.

92 고가의 약을 먹고 있다는 믿음이 환자들의 증상을 호전시켰다 Jo Marchant, "Parkinson's
Patients Trained to Respond to Placebos," *Nature*, February 10, 2016, https://www.nature.
com/news/parkinson-s-patients-trained-to-respond-to-placebos-1.19341.

94 저널리스트이자 작가인 캐스린 슐즈의 표현을 빌리자면 Kathryn Schulz, On Being Wrong,
March 2011, TED video, 17:15, https://www.ted.com-talks-kathryn_schulz_on_being_
wrong.

94 도파민 수치가 뚝 떨어진다 David Rock, "(Not SoGreat) Expectations," *Psychology Today*,
November 23, 2009, https://www.psychologytoday.com/us/blog/your-brain-work/200911/
not-so-great-expectations.

114 랜스 도즈 박사는 중독 치료 분야의 대가이다 John Lavitt, "AA Critic Lights Another Fire
(Includes New Section)," The Fix, May 30, 2014, https://www.thefix.com/content/14-
questions-dr-lance-dodes?page=all.

4. 주는 대로 받고 속상해하지 마라

122 감사의 감정을 이해하는 능력은 유아기를 한참 지나 7세와 10세 사이에 발달한다 Al-

Jameela S. Youssef, Jeffrey J. Froh, Meagan E. Muller, and Tara Lomas, "Measuring Gratitude in Youth: Assessing the Psychometric Properties of Adult Gratitude Scales in Children and Adolescents," PsycEXTRA Dataset, 2011. doi:10.1037/e711892011-001.

124 성차별이 여전히 존재한다는 사실을 부인하는 사람들을 향해 Dina Leygerman, "You Are Not Equal. I'm Sorry," *Medium*, January 23, 2017, https://www.medium.com/@ dinachka82/about-your-poem-1f26a7585a6f.

125 성구 사전에는 James Strong, *Strong's Exhaustive Concordance of the Bible.* Peabody, MA: Hendrickson, 2009.

125 속세에서의 권력과 통제를 유지하기 위해 Mark Y. A. Davies, "Refusing the Hand of the Empire," One World House, posted December 28, 2016, https://www.oneworldhouse. net/2016/12/28/refusing-the-hand-of-the-empire/.

126 얼굴 곳곳을 통해 감정이 하는 일을 알 수 있다 "Written All Over Your Face: Humans Express Four Basic Emotions Rather than Six," ScienceDaily, *Science News,* February 3, 2014, https://www.sciencedaily.com/releases/2014/02/140203113551.htm.

133 뱀을 무서워하는 참가자들 Daniela Schiller, "Snakes in the MRI Machine: A Study of Courage," *Scientific American*, July 20, 2010, https://www.scientificamerican.com/article/ snakes-in-the-mri-machine/.

136 우리의 욕구가 충족될 때 저마다 고유한 행복감을 만들어 낸다 Hans Villarica, "Maslow 2.0: A New and Improved Recipe for Happiness," *The Atlantic*, August 17, 2011, https:// www.theatlantic.com/health/archive/2011/08/maslow-20-a-new-and-improved-recipe- for-happiness/243486/.

136 사람들은 공동체 안에서 타인의 욕구가 함께 충족됐을 때 더 큰 행복감을 느낀다 Louis Tay and Ed Diener, "Needs and Subjective Well-being around the World," *Journal of Personality and Social Psychology* 101, no. 2 (2011): 354-365. doi:10.1037/a0023779.

139 일본에서 발달한 스트레스 완화법 Meeri Kim, "'Forest Bathing' Is Latest Fitness Trend to Hit U.S. — 'Where Yoga Was 30 Years Ago,'" *Washington Post*, May 17, 2016, https:// www.washingtonpost.com/news/to-your-health/wp/2016/05/17/forest-bathing-is-latest- fitness-trend-to-hit-u-s-where-yoga-was-30-years-ago/?utm_term=.52073adac94d.

139 음악은 좋은 약이 될 수 있다 Amy Novotney, "Music as Medicine," *Monitor on Psychology* 44, no. 10, American Psychological Association, Science Watch, November 2013, https:// www.apa.org/monitor/2013/11/music.aspx.

5. 아무도 허락 없이 당신을 기분 나쁘게 할 수 없다

150 왕따를 당한 성인의 뇌를 스캔해 보면 R. Douglas Fields, "Sticks and Stones —

Hurtful Words Damage the Brain," *Psychology Today*, October 20, 2010, https://www.psychologytoday.com/us/blog/the-new-brain/201010/sticks-and-stones-hurtful-words-damage-the-brain.

151 옥시토신은 관대함, 신뢰, 유대감 같은 감정을 북돋는다 Michael Kosfeld, Markus Heinrich, Paul J. Zak, Urs Fischbacher, and Ernst Fehr, "Oxytocin Increases Trust in Humans," *Nature* 435 (June 2005): 673 – 676, abstract available at https://www.nature.com/articles/nature03701.

151 슬픔과 미움 같은 부정적 감정 역시 뇌에서 옥시토신 분비를 유발한다 Christopher Badcock, "The Dark Side of Oxytocin," *Psychology Today*, October 24, 2016, https://www.psychologytoday.com/us/blog/the-imprinted-brain/201610/the-dark-side-oxytocin; C. K. W. De Dreu, L. L. Greer, G. A. Van Kleef, S. Shalvi, and M. J. J. Handgraaf, "Oxytocin Promotes Human Ethnocentrism," Proceedings of the National Academy of Sciences 108, no. 4 (2011): 1262 – 1266. doi:10.1073/pnas.1015316108.

151 소셜 미디어에서 이루어지는 사람들 간의 소통 역시 옥시토신 분비를 자극 Verilliance, "Social Media, Tweeting, Oxytocin and the Study That Never Was," Verilliance, August 5, 2010. Accessed July 13, 2018. https://www.verilliance.com/social-media-tweeting-oxytocin/

166 용서에 대한 과학적 연구 Everett L. Worthington Jr., "The New Science of Forgiveness," *Greater Good Magazine*, September 1, 2004, https://www.greatergood.berkeley.edu/article/item/the_new_science_of_forgiveness.

6. 정직이 최선의 방책이다

174 구체적 데이터는 연구마다 다르겠지만, 거짓을 말하진 않는다. 거짓말하는 건 우리다 Gad Saad, "How Often Do People Lie in Their Daily Lives?," *Psychology Today*, November 30, 2011, https://www.psychologytoday.com/us/blog/homo-consumericus/201111/how-often-do-people-lie-in-their-daily-lives; James Geary, "How to Spot a Liar," *Time*, March 13, 2000, http://content.time.com/time/world/article/0,8599,2051177,00.html; Yudhijit Bhattacharjee, "Why We Lie: The Science Behind Our Deceptive Ways," *National Geographic*, June 2017, https://www.nationalgeographic.com/magazine/2017/06/lying-hoax-false-fibs-science/; "UMass Amherst Researcher Finds Most People Lie in Everyday Conversation," UMass Amherst, News & Media Relations, June 10, 2002, www.umass.edu/newsoffice/article/umass-amherst-researcher-finds-most-people-lie-everyday-conversation; Robin Lloyd, "Why We Lie," LiveScience, May 15, 2006, https://www.livescience.com/772-lie.html; "Honesty Linked with Better Health: Study," HuffPost, Wellness, updated August

8, 2012, https://www.huffingtonpost.com/2012/08/07/honesty-healthy-lies-truth_
n_1748144.html.

175 코코가 벽에서 싱크대가 떨어진 걸 새끼 고양이의 탓으로 돌린 적이 있다 "Liar,
Liar, Fur on Fire," Observations of Animal Behaviour, April 11, 2013, blog.nus.edu.sg/
lsm1303student2013/2013/04/11/liar-liar-fur-on-fire/.

177 존 F. 케네디 대통령은… 대중들을 속였지만 "Arms Control Today," Nonproliferation
Benefits of India Deal Remain Elusive, Arms Control Association. Accessed July 13, 2018.
https://www.armscontrol.org/act/2012_10/Reconsidering-the-Perilous-Cuban-Missile-
Crisis-50-Years-Later#bernstein.

178 태어나면 몇 시간 안에 Roderick M. Kramer, "Rethinking Trust," *Harvard Business Review*,
June 2009, https://www.hbr.org/2009/06/rethinking-trust.

179 티모시 R. 레빈 박사의 '진실 디폴트 이론' Timothy R. Levine, "Truth-Default
Theory (TDT)," *Journal of Language and Social Psychology* 33, no. 4 (2014): 378-392.
doi:10.1177/0261927x14535916.

180 '사기, 속임수, 책략, 음모' 등을 뜻하는 "bull (n.3)," Online Etymology Dictionary, https://
www.etymonline.com/word/bull?ref=etymonline_crossreference, accessed June 29, 2018.

183 로버트 펠드먼 박사는 연구를 통해 Dwight B. Shepard, "The Truth Is, Most People Lie,
UMass Professor Robert Feldman Says in New Book," MassLive.com, updated August 17,
2009, https://www.masslive.com/news/index.ssf/2009/08/the_truth_is_most_people_lie_
u.html.

185 지속적으로 자신의 이익을 위해 거짓말하면(기본 거짓말) Lizette Borreli, "How Lying
Affects the Human Brain: Telling Lies Desensitizes Amygdala to Dishonesty; Increases
Chances of Being a Pathological Liar," *Medical Daily*, October 26, 2016, https://www.
medicaldaily.com/how-lying-affects-human-brain-telling-lies-desensitizes-amygdala-
dishonesty-402310.

185 기본 거짓말을 줄여서 그에 대한 자각 상태를 유지하는 것은… 건강에 유익하다 "Lying
Less Linked to Better Health, New Research Finds," American Psychological Association,
August 4, 2012, www.apa.org/news/press/releases/2012/08/lying-less.aspx.

7. 기쁨을 주는 일을 좇아라

198 《불안》(2004)의 저자 알랭 드 보통은… 주목했다 Alain de Botton, "A Kinder, Gentler
Philosophy of Success," TED: Ideas Worth Spreading, July 2009, https://www.ted.com/
talks/alain_de_botton_a_kinder_gentler_philosophy_of_success.

201 신나거나 흥분되는 순간이 아닌, 마음 깊이 진정한 행복감을 느끼는 Joseph Campbell, with Bill Moyers. *The Power of Myth* (St. Louis, MO: Turtleback Books, 2012), pp. 120, 193.

201 "고통을 좇아라" Angela Hoxsey, "Follow Your Blisters," *Napa Valley Register*, December 5, 2014, https://www.napavalleyregister.com/lifestyles/home-and-garden/columnists/angela-hoxsey/follow-your-blisters/article_a8057361-f35b-5036-ae40-a49cc0c1d81c.html.

201 "늘 당신 안에 있는 생기와 활력" "Follow Your Bliss," Joseph Campbell Foundation, https://www.jcf.org/about-joseph-campbell/follow-your-bliss/, accessed July 5, 2018.

202 '소득이 생활비를 충당하는 수준'까지만 D. Kahneman and A. Deaton, "High Income Improves Evaluation of Life but Not Emotional Well-being," *Proceedings of the National Academy of Sciences* 107, no. 38 (2010): 16489–16493. doi:10.1073/pnas.1011492107.

203 성취감, 의미, 목적의식이 사라졌다 Barry Schwartz, "The Way We Think About Work Is Broken," TED: Ideas Worth Spreading, March 2014, https://www.ted.com/talks/barry_schwartz_the_way_we_think_about_work_is_broken/transcript.

205 제임스 올즈와 피터 밀너는 쥐의 뇌에 전극을 이식하고 David Lipton, "Olds & Milner, 1954: 'Reward Centers' in the Brain and Lessons for Modern Neuroscience," Stanford Neuroblog, June 10, 2013, www.web.stanford.edu/group/neurostudents/cgi-bin/wordpress/?p=3733.

205 인간을 대상으로 비슷한 실험을 진행 Christopher Bergland, "The Neuroscience of Pleasure and Addiction," *Psychology Today*, May 31, 2014, https://www.psychologytoday.com/us/blog/the-athletes-way/201405/the-neuroscience-pleasure-and-addiction.

206 영원한 것은 바로 지금이라는 것을 Alan Watts, *Eastern Wisdom, Modern Life: Collected Talks, 1960–1969* (Novato, CA: New World Library, 2006), pp. 109–110.

207 아귀 Ronald Alexander, "The Wanting Mind of Depression & Unhappiness," *Psychology Today*, June 3, 2010, https://www.psychologytoday.com/us/blog/the-wise-open-mind/201006/the-wanting-mind-depression-unhappiness.

209 "단거리 경기가 아니라 마라톤처럼 인생을 사는 것" Angela Lee Duckworth, "Grit: The Power of Passion and Perseverance," TED: Ideas Worth Spreading, TED Talks Education, April 2013, https://www.ted.com/talks/angela_lee_duckworth_grit_the_power_of_passion_and_perseverance/transcript?language=en.

210 더크워스는… 연구했는데 Shana Lebowitz, "A UPenn Psychologist Says There's One Trait More Important to Success Than IQ or Talent," Business Insider, May 4, 2016, www.businessinsider.com/angela-duckworth-grit-more-important-than-iq-or-talent-2016-5.

212 병원 잡역부가 자신의 일에서 찾은 의미 Jessica Stillman, "What You Can Learn About Job Satisfaction from a Janitor," Inc.com, June 7, 2013, https://www.inc.com/jessica-stillman/what-you-can-learn-about-career-satisfaction-from-a-hospital-janitor.html.

218 의지력을 단련할 수 있다 Leslie Baehr, "How to Improve Willpower? Feed It," *Los Angeles*

Times, November 8, 2015, http://www.latimes.com/health/la-he-willpower-20151107-story.html.

219 일이 잘되지 않아서 방향을 바꾸는 것이 '실패'가 아니라는 걸 Astro Teller, "The Unexpected Benefit of Celebrating Failure," TED: Ideas Worth Spreading, February 2016, https://www.ted.com/talks/astro_teller_the_unexpected_benefit_of_celebrating_failure.

224 1퍼센트 법칙 James Altucher, "The 1% Rule for Creating All Habits," James Altucher, https://jamesaltucher.com/2015/08/habits-one-percent/, accessed June 29, 2018.

227 캐럴 드웩 박사는… 연구를 진행했다 "A Modern Stoic Clinic," Modern Stoicism, April 12, 2014, https://www.modernstoicism.com/the-philosophy-clinic-stoic-saturdays/.

227 그들 능력 밖의 과제를 내주는 연구 Pam Miracle, "Understanding a Mindset for Success," Stanford, The Clayman Institute for Gender Research, January 12, 2015, https://gender.stanford.edu/news-publications/gender-news/understanding-mindset-success.

227 휴렛팩커드사의 내부 보고서 Carol S. Dweck, "Motivational Processes Affecting Learning," *American Psychologist* 41, no. 10 (1986): 1040–1048. doi:10.1037/0003-066x.41.10.1040.

8. 매일을 마지막 날인 것처럼 살아라

236 로마 제국의 황제 마르쿠스 아우렐리우스는… 썼다 Tara Sophia Mohr, "Why Women Don't Apply for Jobs Unless They're 100% Qualified," *Harvard Business Review*, March 2, 2018. Accessed July 13, 2018. https://hbr.org/2014/08/why-women-dont-apply-for-jobs-unless-theyre-100-qualified.

237 '카르페 디엠'은 그보다 더 큰 오해를 받아 왔다 Robert Hall, J. Wisniewski, and Chris Snipes, "The 5 Most Frequently Misused Proverbs," Cracked.com, February 17, 2013, https://www.cracked.com/article_20251_the-5-most-frequently-misused-proverbs.html#ixzz2Owoxb8mB.

243 캔디 창이라는 예술가는 2009년에 Candy Chang, "Before I Die I Want to…," TED: Ideas Worth Spreading, July 2012, https://www.ted.com/talks/candy_chang_before_i_die_i_want_to.

244 자신의 삶을 의미 있게 만드는 것들을 기억하게 해주는 강력한 도구가 됩니다 "Exhibiting Artist Interview: Candy Chang," SOMArts, www.somarts.org/candychang/, accessed June 29, 2018.

247 자신이 사는 공간을 지속적으로 깨끗하게 유지하는 사람들 Ralph Ryback, "The Powerful Psychology Behind Cleanliness," *Psychology Today*, July 11, 2016, https://www.psychologytoday.com/us/blog/the-truisms-wellness/201607/the-powerful-psychologybehind-cleanliness.

251 "이 땅에서 우리의 생이 다한 뒤에도 살아 있다고 느끼게 하는" Ernest Becker Foundation, Theories, www.ernestbecker.org/about-becker/theories/, accessed June 29, 2018.

252 당신이라는 사람이 '존재'할 가능성이 단 400조 분의 1밖에 되지 않는다 Ali Binazir, "What Are the Chances of Your Coming into Being?," June 15, 2011, blogs.harvard.edu/abinazir/2011/06/15/what-are-chances-you-would-be-born/.

253 당신은 대략 600명의 사람과 알고 지낼 것 Tyler H. McCormick, Matthew J. Salganik, and Tian Zheng, "How Many People Do You Know?: Efficiently Estimating Personal Network Size," *Journal of the American Statistical Association* 105, no. 489 (2010): 59–70, https://doi.org/10.1198/jasa.2009.ap08518.

253 살면서 그저 스치는 사람만 8만 명 Anna Vital, "Why We Live — Counting the People Your Life Impacts [Infographic]," Adioma, April 29, 2013, https://blog.adioma.com/counting-the-people-you-impact-infographic/.

254 자신이 어쩌할 수 없는 상황 Daniel T. Gilbert and Jane E. J. Ebert, "Decisions and Revisions: The Affective Forecasting of Changeable Outcomes," *Journal of Personality and Social Psychology* 82, no. 4 (2002): 503–514, https://doi.org/10.1037//0022-3514.82.4.503.

255 했어야 하는 일이 뭔지 '알' 때 Neal J. Roese and Amy Summerville, "What We Regret Most... and Why," *Personality and Social Psychology Bulletin* 31, no. 9 (2005): 1273–1285, https://doi.org/10.1177/0146167205274693.

259 감사를 자주 실천하는 사람 Robert A. Emmons and Michael E. McCullough, "Counting Blessings Versus Burdens: An Experimental Investigation of Gratitude and Subjective Well-Being in Daily Life," *Journal of Personality and Social Psychology* 84, no. 2 (2003): 377–389, https://doi.org/10.1037/0022-3514.84.2.377.

259 2013년에 수행한 연구에서도 반복되어 Patrick L. Hill, Mathias Allemand, and Brent W. Roberts. "Examining the Pathways Between Gratitude and Self-Rated Physical Health Across Adulthood," *Personality and Individual Differences* 54, no. 1 (2013): 92–96, https://doi.org/10.1016/j.paid.2012.08.011.

259 감사의 마음이 더 강해졌다 Prathik Kini, Joel Wong, Sydney McInnis, Nicole Gabana, and Joshua W. Brown, "The Effects of Gratitude Expression on Neural Activity," *NeuroImage* 128: 1–10; http://doi.org/10.1016/j.neuroimage.2015.12.040; Jessica Stillman, "Gratitude Physically Changes Your Brain, New Study Says," Inc.com, January 15, 2016, https://www.inc.com/jessica-stillman/the-amazing-way-gratitude-rewires-your-brain-for-happiness.html.

260 감사의 대상을 찾고 '기억하는 것'에서 비롯되는 것 Sonja Lyubomirsky and Kristin Layous, "How Do Simple Positive Activities Increase Well-Being?," *Current Directions in Psychological*

Science 22, no. 1 (2013): 57 - 62, https://doi.org/10.1177/0963721412469809.

262 3,200만 명의 미국인이 문맹 Valerie Strauss, "Hiding in Plain Sight: The Adult Literacy Crisis," *Washington Post*, November 1, 2016, https://www.washingtonpost.com/news/answer-sheet/wp/2016/11/01/hiding-in-plain-sight-the-adult-literacy-crisis/.

264 관계를 더욱 진전시키고 싶어 한다 Lisa A. Williams and Monica Y. Bartlett, "Warm Thanks: Gratitude Expression Facilitates Social Affiliation in New Relationships via Perceived Warmth," *Emotion* 15, no. 1 (2015): 1 - 5, https://doi.org/10.1037/emo0000017.

옮긴이 솝희

대학에서 철학과 신문방송학을, 대학원에서 심리학을 전공했다.
글밥 아카데미 영어 출판번역 과정을 수료하고
현재 바른번역 소속 번역가로 활동 중이다.

나쁜 조언

그럴듯한 헛소리 차단하고 인생 꿀팁 건지는 법

1판 1쇄 인쇄 2019년 9월 23일
1판 1쇄 발행 2019년 9월 30일

지은이 비너스 니콜리노
옮긴이 솝희
펴낸이 김성구

책임편집 고혁
단행본부 류현수 홍희정 현미나
디자인 이영민
제작 신태섭
마케팅 최윤호 나길훈 김영욱
관리 노신영

펴낸곳 (주)샘터사
등록 2001년 10월 15일 제1-2923호
주소 서울시 종로구 창경궁로35길 26 2층 (03076)
전화 02-763-8965(단행본부) 02-763-8966(마케팅부)
팩스 02-3672-1873 | 이메일 book@isamtoh.com | 홈페이지 www.isamtoh.com

ISBN 978-89-464-2111-0 03190

이 도서의 국립중앙도서관 출판예정도서목록(CIP)은 서지정보유통지원시스템 홈페이지
(http://seoji.nl.go.kr)와 국가자료종합목록 구축시스템(http://kolis-net.nl.go.kr)에서
이용하실 수 있습니다. (CIP제어번호 : CIP2019035967)

값은 뒤표지에 있습니다.
잘못 만들어진 책은 구입처에서 교환해드립니다.